Christoph Benke

Gott ist nicht kleinlich

Über das christliche Maß

Ignatianische Impulse
Herausgegeben von Stefan Kiechle SJ und Willi Lambert SJ,
Band 41

Ignatianische Impulse gründen in der Spiritualität des Ignatius von Loyola. Diese wird heute von vielen Menschen neu entdeckt.

Ignatianische Impulse greifen aktuelle und existentielle Fragen wie auch umstrittene Themen auf. Weltoffen und konkret, lebensnah und nach vorne gerichtet, gut lesbar und persönlich anregend sprechen sie suchende Menschen an und helfen ihnen, das alltägliche Leben spirituell zu deuten und zu gestalten.

Ignatianische Impulse werden begleitet durch den Jesuitenorden, der von Ignatius gegründet wurde. Ihre Themen orientieren sich an dem, was Jesuiten heute als ihre Leitlinien gewählt haben: Christlicher Glaube – soziale Gerechtigkeit – interreligiöser Dialog – moderne Kultur.

Christoph Benke

Gott ist nicht kleinlich

Über das christliche Maß

echter

Bibliografische Information der Deutschen Nationalbibliothek

Die Deutsche Nationalbibliothek verzeichnet diese Publikation in der Deutschen Nationalbibliografie; detaillierte bibliografische Daten sind im Internet über <http://dnb.d-nb.de> abrufbar.

www.echter-verlag.de
Umschlag: Roberto Meraner
Druck und Bindung: CPI – Clausen & Bosse, Leck
ISBN 978-3-429-03195-4

Inhalt

1. Mehr Maß! 7
Ein alternativer Lebensstil 7
Permanente Überforderung 8
Faszination des Extremen 9
Gefragt: Gleichgewicht 10

2. Gott kennt kein Kleingeld 13
Die Schöpfung: maßvolle Ordnung 13
Segen und Leben in Fülle 14
Jahwe, ein leidenschaftlicher Gott 16
»Ganz« und »alles« 17

3. Jesus Christus – Mittler und Mitte 20
Jesus Christus – Mittler von Gott und Mensch 20
Jesus Christus – »freier Zugang zum Vater« 22
Jesus Christus – Mitte des Kosmos 23
Jesus Christus – Maß neuen Menschseins 25

4. An Jesus Maß nehmen 26
Das leichte Joch Jesu 27
Sich verschwenden für die Interessen Gottes 28
Die Heiligen – extreme Existenzen 29
Maßstab Eucharistie 30

5. Die Balance finden – überlieferte Einsichten . . 33
Mönchische Erfahrung 33
Management und Spiritualität – die Regel des hl. Benedikt 35

Die Lust am Leben temperieren –
Thomas von Aquin 36
Die Gefährlichkeit von Extremen –
Ignatius von Loyola 39

6. Eutonie gläubigen Lebens 42
Wenn die Mitte fehlt 42
»Ruhige Anstrengung« 44
Mein *Maß* 47
Wider das Laster des Sich-Vergleichens 49

7. Das Maß der Gottesliebe ist die Maßlosigkeit . 52
An der Grenze des Kalküls 52
Gott nicht kleinlich lieben 53
Geben ohne zu zählen 56
Evangelische Räte 58
Göttliche Verschwendung 59

8. Das Maß finden – wie geht das? Zehn Weg-
weisungen 62

1. Mehr Maß!

Ökologie war schon einmal populärer: Diesen Eindruck gewinnt man angesichts des dürftigen Ergebnisses von Konferenzen, die sich mit dem Klimawandel befassen. Klar ist: Wenn die Menschheit nicht schleunigst mit den Ressourcen des Lebens maßvoll umgeht, wird sie keine Zukunft haben. Geht es jedoch darum, konkrete Maßnahmen einzuleiten, nimmt der politische Gestaltungs- und Durchsetzungswille rapide ab. Zudem erlegt die aktuelle Wirtschafts- und Finanzkrise vielen Menschen Einschränkungen auf, die sie nicht selbst gewählt haben.

Die globale ökologische Krise stellt einen zentralen Inhalt christlichen Glaubens in Frage: Ist der Mensch tatsächlich Ebenbild Gottes (Gen 1,27), damit »Krone der Schöpfung« und als solcher das Maß aller Dinge? Ist nicht allenthalben ersichtlich, wohin das geführt hat, nämlich an den Rand des globalen Kollaps? Kritiker des Christentums behaupten, es sei höchste Zeit, dass sich der Mensch im Gesamt des Kosmos selbst relativiert. Er soll sich als Teil des Ganzen, nicht als Spitze verstehen.

Ein alternativer Lebensstil

Aus heutiger Sicht scheint von der Lösung ökologischer Probleme und der Güterverteilung das Überleben der Menschheit abzuhängen. Die Devise »Maß halten« ist freilich politisch unpopulär. Damit lassen sich keine Wahlen gewinnen. Dies schafft eine lähmende Atmosphäre, die junge Menschen dazu bringt, kein rechtes Vertrauen in ihre Zukunft zu haben. Ethische Reflexion ist vonnöten und, christlich gesprochen, Umkehr, um nicht nur den Verstand, sondern auch das Herz der Menschen zu erreichen und Abstand zu nehmen von einer zu stark konsumorientierten Lebensweise. Im Mittelpunkt eines neuen Lebensstiles müsste das Maßhalten stehen, jene Tugend, die das Notwendige vom Überflüssigen unterscheidet und so Lebensqualität und Freude vermittelt. Ist nicht auch Maßhalten das Mittel, um dem allgegenwärtigen »zu viel« etwas entgegenzusetzen? Zu viel Arbeit, zu viel Stress, zu viel Fast Food, zu viel Internet, zu viele Bilder etc.: Das »zu viel« ist Signatur der Gegenwart. Der Mensch reagiert auf derartige Überforderungen unterschiedlich. Früher oder später driften die Stress-Symptome ins Krankhafte.

Permanente Überforderung

Die Kehrseite des Zuviel ist das Zuwenig. Ständiges Zuviel lässt kaum Zeit für die Pflege von Beziehungen, für Erholung. So Elementares wie Muße, das Spielerisch-Nutzlose oder das Staunen kommt zu kurz. Kaum jemand hat die innere Stärke, sich dem Joch des »immer schneller, immer größer, immer mehr« nicht zu beugen; wohl nur der Mensch, der durch die Tugend des Maßes innerlich frei geworden und, so ist realistischerweise hinzuzufügen, der ökonomisch unabhängig ist! Darüber hinaus ist vielen der weltanschauliche Pluralismus ein Stachel: Wer will schon ständig wählen, fortwährend sich entscheiden? Viele sind die andauernde Herausforderung, sich zu positionieren, leid und tendieren gerade bei komplexen, unübersichtlichen Problemlagen zu simplen Antworten. Von daher passt das »zu viel«, also die Übertreibung, zum religiösen Fundamentalismus. Auch die Medienindustrie arbeitet geschickt mit diesem Stilmittel. Mit der damit gelegentlich produzierten Hysterie lässt sich gut Geld verdienen.

Faszination des Extremen

Der Devise »Mehr Maß!« stimmen viele zu. Doch eigenartig: Nicht die Mitte, sondern das Extrem ist anziehend. Das Extrem ist häufig das Spektakuläre, die Mitte hingegen das scheinbar Gewöhnliche und Alltägliche. Maß und Mitte haben einen faden Beigeschmack. Wer mag schon einer Gesellschaft, die dem Genuss zumindest nach außen hin hohen Stellenwert einräumt, eine »Tugend« (klingt altmodisch und verstaubt) und noch dazu die des Maßhaltens empfehlen? Das Thema ist nicht leicht zu vermitteln, weil es verneinend klingt und das Gefühl aufkommen lässt: ›Da gönnt mir jemand mein Leben nicht. Hat da jemand Angst vor dem Überschwang des Lebens?‹
Weitaus attraktiver ist die Suche nach dem Kick über irgendein Extrem, um »sich wieder zu spüren«. Ausdauer- und Extremsportarten boomen, weil sie starke Gefühle vermitteln, die Eigenwahrnehmung intensivieren und (wieder?) in Berührung mit der Personmitte bringen. Das Extrem ist das Sensationelle. Es macht Eindruck. Es holt aus der Banalität des alltäglichen Lebens für eine Weile heraus. Versprochen wird freilich noch mehr: Gerade die Extremerfahrungen scheinen den Menschen Selbsterlösung und Selbstbefreiung zuzusichern. Dabei ist das Kippen in die Sucht oft gefährlich nahe. Schade eigentlich, dass es kein Guinness-Buch der Maße, sondern nur der Rekorde

gibt! Das Maß und die Mitte finden benötigt nämlich mindestens so viel Aufmerksamkeit wie das Training für einen Weltrekord.

Gefragt: Gleichgewicht

Zu den jüngsten Bergsportarten zählt das Balancieren auf einer Slackline. Zwischen zwei Felstürmen wird ein speziell verfertigtes Kunststoffband von 25 mm Breite befestigt. Dann balanciert der Akteur – mit Selbstsicherung – von einem Turm zum anderen, unter sich verschlingende Tiefe. Eine sportlich-spielerische Suche nach Balance, nebenbei ein Abbild der Situation des Menschen schlechthin. Erwähnt sei noch, dass manche keine Sicherung anlegen ... Zweifellos ist Maß und Mitte ein Thema, das nicht zu umgehen ist, ob nun in globaler Hinsicht oder auf gesellschaftlicher und individueller Ebene. Das ahnen ohnehin viele, denn sonst wären Begriffe wie Gleichgewicht, Balance und Harmonie nicht so hoch im Kurs. Sie stellen sich selten ein und sind umso schneller wieder verloren. Clevere Werbeleute reagierten und tauften daher ein schlichtes Mineralwasser auf den vielversprechenden Namen »Balance«. Der Erfolg gab ihnen Recht, die Umsätze stiegen.
Oft ist leider erst an einer negativen Erfahrung abzulesen, dass der Verlust von Maß und Mitte die Ursache ist. Das hastig verschlungene Essen, das nicht bekommt – steht dahinter nicht die Unfähigkeit zum Genuss? Ein Burn-out-Syndrom setzt sich aus mehreren Komponenten zusammen. Das Unvermögen zur echten Muße spielt dabei gewiss eine Rolle. Ein anderes Beispiel: Haben nicht Randthemen der Spiritualität wie Engel, Spiritismus, Satanskult etc. deshalb

Hochkonjunktur, weil die Sinn-Mitte des christlichen Glaubens, nämlich Jesus Christus, für viele unzugänglich ist?

Von der Mitte geht eine eigenartige Faszination aus. Das zeigt nicht nur ihr Verlust. Kinder werden beim Malen eines Mandalas still und gesammelt. Warum ist das so? Das Labyrinth hat in der Religionsgeschichte und so auch im Christlichen seinen Ort. Steht dahinter die Hoffnung, dass alle Um- und Irrwege letztlich doch auf ein Ziel – die Mitte – zulaufen? Vielleicht ist es der unbewusste Wunsch, es darin mit einer Kraft zu tun zu bekommen, von der alles ausgeht und auf die hin alles zuläuft.

Dass der Mensch ein menschliches Maß braucht, ist einsichtig. Wer wünscht nicht, sein Leben in geregelte Bahnen zu lenken? Dennoch fällt es schwer, die Mitte zu finden und zu halten. Viele Faktoren spielen hier mit. So hatte z.B. die höfische Erziehung im Mittelalter die *mâze* zum Ziel, eine Art innere Ausgewogenheit, die ein maßvolles, beherrschtes Auftreten ermöglichte. Anderseits ist ein Mangel an seelischem Gleichgewicht wohl auch Sache der Veranlagung. Dies gibt der Frage umso mehr Gewicht: Wie zur Mitte finden, wie das Maß im Auge behalten? Wie kann es gelingen, in Eu-tonie, in Wohlspannung zwischen den Polen zu bleiben? Kann der Mensch dazu etwas beitragen?

Der christliche Glaube kennt eine Tugendlehre über das Maß. In ihr wurden nicht nur philosophische Elemente der Antike aufgenommen und »getauft«, sondern auch Erfahrungen des Mönchtums gesammelt. Natürlich kommt das Thema auch in der Bibel vor. War Jesus maßvoll? Was sagt das Evangelium dazu? Wie schafften es die Heiligen, das Maß im Blick zu

behalten? Viele hatten einen Weg zu *ihrem* Maß, so auch Ignatius von Loyola.
Unser Gegenstand hat es allerdings nicht leicht. Er muss sich gegen Unterstellungen behaupten. Da ist zum einen der Verdacht, das Maß diene – wie jede Regel und Ordnung – nur dazu, den Menschen zu bremsen und ihn auf Sparflamme zu halten. Andere wieder ordnen das Thema der Askese zu und fürchten die bizarren Verrenkungen, die es hier ohne Zweifel gab und gibt. Schließlich gibt es noch den Argwohn, den Gilbert K. Chesterton formuliert: Er nennt das Maß eine »rationale« Tugend. Sie steht den »mystischen« Tugenden Glaube, Hoffnung und Liebe gegenüber. Diese sind »froh und verschwenderisch«, während das Maß »eine traurige Tugend« darstellt.[1] Im Verlauf unserer Überlegungen werden wir diese Vorbehalte zu entkräften versuchen. Zunächst wollen wir uns anhand ausgewählter Bibelstellen daran erinnern, dass der Schöpfergott das Maß aller Dinge ist. Das bedeutet jedoch keineswegs, dass der Gott Israels kleinlich ist!

[1] Gilbert K. Chesterton, Ketzer. Eine Verteidigung der Orthodoxie gegen ihre Verächter, Frankfurt 2004, 139–140.

2. Gott kennt kein Kleingeld

Auf den ersten Blick scheint die Bibel kein ausgeprägtes Interesse an Maß und Mitte zu haben. Im Gegenteil: Wo es das Volk Israel mit seinem Gott zu tun bekommt, begegnet ihm einer, der leidenschaftlich und bestimmt ist, scharf und streng, überschwänglich und, ja, auch wild: »Die Stimme des Herrn wirbelt Eichen empor« (Ps 29,9). Der Gott der Bibel ist alles, nur nicht ausgewogen, falls man dies mit Maß verbindet. Dennoch bietet die Bibel zu unserem Thema eine Vielzahl von Aspekten, die sich gewissermaßen über die Hintertür aufspüren lassen.

Die Schöpfung: maßvolle Ordnung

Die Aussagen des Buches Genesis über Gott den Schöpfer haben mehrere Sinnspitzen. Die wichtigste ist: Die Schöpfung ist kein Produkt des Zufalls. Zunächst war die Erde »wüst und wirr« (Gen 1,2). Gottes Wort führte dazu, dass nicht Chaos blieb, sondern ein »ganzes Gefüge« (Gen 2,1) entstand und mit ihr eine plan- und maßvolle Ordnung. Sie ist am Grund des Daseins wirksam und erkennbar. Wo Israel wie in Ps 104 sein Loblied auf den Schöpfer singt, bedankt es – stellvertretend für die ganze Schöpfung – einen geordneten Lebensraum, der mit zahllosen guten Gaben aufwartet. So will auch der Vers 19: »Du hast den Mond gemacht als Maß für die Zeiten, die Sonne weiß, wann sie untergeht«, nicht der Naturwissenschaft Konkurrenz machen, sondern die kosmische Ordnung und damit die Verlässlichkeit des Daseinsgrundes hervorheben.

Seither gilt: Gott ist in der Schöpfung erkennbar. Paulus ist überzeugt, dass »seit Erschaffung der Welt« Gottes »unsichtbare Wirklichkeit an den Werken der Schöpfung mit der Vernunft« wahrnehmbar ist (Röm 1,20). Damit ist Gott keinesfalls berechenbar. Gott ist dem Menschen nicht einfach immer zuhanden, wenn dieser das Bedürfnis nach ihm verspürt. Selbst der Schöpfungspsalm 104 weiß um die Verborgenheit Gottes und deren Folge für die Menschen: »Verbirgst du dein Gesicht, sind sie verstört« (V 29). Gottes Verborgenheit ist verstörend, was sonst. Die Propheten Israels sahen sich immer wieder beauftragt, an die Grenze zwischen Schöpfer und Geschöpf, zwischen Gott und Mensch zu erinnern. Gott ist ganz anders: »Meine Gedanken sind nicht eure Gedanken« (Jes 55,8). Jahwe ist ein »verborgener Gott« (Jes 45,15). Er lässt Mose nur seinen Rücken sehen (Ex 33,18–23). Nur Gottes Rückseite: Ist es deshalb, weil der Mensch das Angesicht Gottes, also das volle Maß, nicht ertragen könnte, weil es für den Menschen zu viel ist?
Auf den ersten Blick scheint die Verborgenheit Gottes den Menschen von der Mitte weg in eine Extremerfahrung zu tauchen. Aber »ganz anders« heißt auch »überraschend anders«! Gott schafft einen Neubeginn, wo der Mensch am Ende ist. »Die mit Tränen säen, werden mit Jubel ernten« (Ps 126,5). So erfuhr es Israel in der wunderbaren Rettung aus Ägypten. Ostern ist Neuschöpfung ebenso wie die in der Taufe geschenkte Wiedergeburt von oben (Joh 3,3–8).

Segen und Leben in Fülle

Gott ist maßlos. Er ist nicht endgültig fassbar und beschreibbar. Gottes Maßlosigkeit meint noch mehr seine Freigebigkeit. Überfluss ist ein Zeichen Gottes. Dies ist etwa an der alttestamentlichen, mit der Berufung Abrahams (Gen 12) einsetzenden Segenstheologie ablesbar. Abraham wird von Gott unermessliche Nachkommenschaft verheißen, so zahlreich »wie der Staub auf der Erde« (Gen 13,16) oder »wie die Sterne am Himmel« (Gen 22,17). Nicht Fluch, sondern Segen wird über Abraham die ganze Menschheit erreichen. Auf diesem Hintergrund trifft das Vorhaben Davids, Israel und Juda einer Volkszählung zu unterziehen, Gott ins Herz (vgl. 2 Sam 24,1–25). Den Segen, der sich im Wachstum des Volkes ausdrückte, überprüfen zu wollen, ist Vertrauensbruch gegenüber Gott. Gott will keine Volkszählung. Jesus – steht er nicht mit seiner Person, seinen Worten und Taten dafür, dass Gott keiner ist, der kleinlich rechnet? »Leben in Fülle« (Joh 10,10) – das ist es, was Jesus für uns will. Wo nach der Speisung der 5000 noch zwölf Körbe übrig bleiben (Lk 9,17), dort beginnt die unermessliche Fülle im Reich Gottes. Alle menschliche Urangst, nicht genug zu bekommen, findet hier eine maßlose Antwort. Jetzt, in Jesu Verkündigung, in seinen Heilungen und Mählern mit den Sündern, bricht die »Hochzeit« an. Angesichts dessen ist Fasten unangebracht (Lk 5,33–35). Maria von Betanien hat das erkannt (Joh 12,1–8). Ihr luxuriöser Gebrauch hochwertigen Öls bei der Salbung der Füße Jesu ist ein köstliches Zeichen göttlicher Verschwendung.

In seinem Abschiedsgebet fasst Jesus nochmals den Kern seiner Sendung zusammen (Joh 17,1–16). Seine grenzenlose Hingabe an den Vater, an die Welt und an die Menschen zielt auf eines: »Freude in Fülle« für die Jünger (17,13). Was diese Freude uns Heutigen zugänglich macht, ist sein Heiliger Geist. Jesus kann gar nicht anders, als den Glaubenden den Geist ohne Maß zu schenken. Er »gibt den Geist unbegrenzt« (Joh 3,34).[2]

Jahwe, ein leidenschaftlicher Gott

Die klassische Schultheologie unterschied die sog. Eigenschaften Gottes wie Ewigkeit und Vollkommenheit. Auf der Suche nach Anschaulichkeit bot sich die geometrische Form der Kugel an. Die Kugel ist vollkommen, hat weder Anfang noch Ende. Ignatius von Loyola (1491–1556), der Schöpfer der Exerzitien und Gründer des Jesuitenordens, berichtet in seinem »Geistlichen Tagebuch« mehrfach, das göttliche Wesen in sonnenähnlicher Kugelgestalt geschaut zu haben.[3] Eine Ahnung von der Maßlosigkeit Gottes? Diese Sicht findet sich in der Bibel kaum. Im Gegenteil: Die Bibel zeigt einen leidenschaftlichen Gott mit Ecken und Kanten. Der Grund: Gott ist die Liebe! Aus Liebe tut er alles für sein Geschöpf, den Menschen. Aus Liebe ergreift Jahwe Partei für sein Volk Israel. Hier neigt er sich besonders den Armen und Kleinen zu – Gott hat sozusagen ein Schwergewicht. Leidenschaftliche Liebe ist der Grund für Gottes Zorn (z.B. Num 11,1; Röm 1,18) und Reue (z.B. Jona 3,9–10). Liebe ist es, die Gott eifersüchtig sein lässt (z.B. Ex 34,14; Dtn 4,24). Wenn Jahwe um Israel in der Wüste wirbt wie ein Bräutigam um die Braut – was außer Liebe

[2] Vgl. auch Tit 3,6: Den Heiligen Geist »hat er (Gott) in reichem Maß über uns ausgegossen durch Jesus Christus, unseren Retter«.

[3] Ignatius von Loyola, Gründungstexte der Gesellschaft Jesu, übers. v. P. Knauer, Würzburg 1998; darin: Geistliches Tagebuch (GT) Nr. 121; 123; 174. Im Folgenden daraus auch das Exerzitienbuch (EB) und der Pilgerbericht (BP) jeweils mit Randnummer zitiert.

sollte das sein (vgl. Hos 2,16)? Ist es etwa nicht Eifer und Leidenschaft, wenn Jesus bei der Tempelreinigung »eine Geißel aus Stricken macht« (Joh 2,15) und »die Tische der Geldwechsler umstößt« (Mt 21,12)? Nochmals: Wenn Jesus die Pharisäer anblickt »voll Zorn und Trauer über ihr verstocktes Herz« (Mk 3,5); wenn er über Jerusalem weint (Lk 19,41); wenn Jesus, selbst ganz Feuer, das Feuer seiner Sendung »auf die Erde werfen« will (Lk 12,49) und die Entscheidung für das Reich Gottes ansagt (Lk 12,51) – wer kann da unbeeindruckt in der Mitte bleiben? Ein würdevoller, maßvoller, »harmonischer« Jesus entspricht mehr der antiken Philosophie (Stoa) oder einer esoterischen Jesusdeutung, aber nicht den Evangelien.
Das bedeutet: Maß und Mitte, wie es die Bibel sieht, meint etwas anderes als die stoische Leidenschaftslosigkeit (Apatheia). Wer Mitte missversteht als neutrale Zone, die es ermöglicht, sich unentschieden herauszuhalten und sich nicht einzulassen, wird die Mitte seines Lebens und das Maß nicht finden. Umgekehrt: Wer sich für Jahwe, den Vater Jesu Christi, entscheidet, findet seine Mitte. Dies ist biblische Verheißung.

»Ganz« und »alles«

Die Bibel enthüllt uns einen Gott, der sich ganz und gar für sein Volk engagiert. Was Gott vom Menschen erwartet, ist im Bundesbuch, speziell in den zehn Geboten, zusammengefasst (Ex 20,1–17; Dtn 5,1–22). Jedes gott- und bundesgemäße Handeln fängt jedoch damit an: »Höre, Israel! Jahwe, unser Gott, Jahwe ist einzig« (Dtn 6,4). Das Erste ist also das Hören auf Gott. Hier wächst die Erinnerung, dass der leidenschaftliche Gott nichts anderes als leidenschaftliche

Liebe erwartet: »Darum sollst du den Herrn, deinen Gott, lieben mit ganzem Herzen, mit ganzer Seele und mit ganzer Kraft« (Dtn 6,5). Das kleine Wörtchen »ganz« ist typisch für biblisch-christliche Spiritualität. Gott beansprucht nicht einen Teilbereich der menschlichen Seele, etwa nur das Innere oder die Gedanken. Da es um Glaube und Liebe geht, ist eine Dynamik wirksam. Sie zielt auf Ganzheit.

Die Antwort des Menschen auf das totale Engagement Gottes bezeichnen wir als Hingabe. Darin geht es um das Ganze. Ignatius von Loyola fasste seine Hingabe an Gott in das folgende Gebet:

»Nehmt, Herr, und empfangt meine ganze Freiheit, mein Gedächtnis, meinen Verstand und meinen ganzen Willen, all mein Haben und mein Besitzen. Ihr habt es mir gegeben; euch, Herr, gebe ich es zurück. Alles ist euer, verfügt nach eurem ganzen Willen. Gebt mir eure Liebe und Gnade, denn diese genügt mir.«[4]

Hingabe ist nicht Leistung, sondern liebende Antwort. Häufig und so auch unmittelbar vor diesem Gebet rät Ignatius, »die empfangenen Wohltaten von Schöpfung, Erlösung und besonderen Gaben ins Gedächtnis bringen …, wie viel Gott unser Herr für mich getan hat«. Ohne Freude ist Hingabe auf Dauer nicht lebbar. Im Gleichnis vom Schatz und von der Perle (Mt 13,44–46) geht es nicht um die Forderung nach der vorbehaltlosen Hingabe. Die entscheidenden Worte sind vielmehr: »in seiner Freude«. Das stellt der Exeget Joachim Jeremias heraus: »Wenn die große, alles Maß übersteigende Freude einen Menschen faßt, dann reißt sie ihn fort, erfaßt sie das Innerste, überwältigt sie den Sinn … Nicht die Besitzhingabe der beiden Männer

[4] EB 234; siehe auch Gotteslob 5,6.

ist das Entscheidende, sondern der Anlaß zu ihrem Entschluß: das Überwältigtwerden durch die Größe ihres Fundes.«[5]

Das große Wort *Hingabe* löst Faszination und Sehnsucht, aber auch Scheu und Angst aus. Jeder glaubende Mensch hat dorthin einen Weg. Jedenfalls spielt dabei das persönliche Maß, mein Maß, eine wichtige Rolle – und das ist kein Widerspruch zu Totalität und Ganzheit. Gott überfordert den Menschen nicht. Was Gott vom Menschen will, passt sich dem Maß des Menschen, seiner Kapazität an und »geht nicht über seine Kraft« (Dtn 30,11). Das Wort Gottes ist dem Menschen »ganz nahe«, es ist »in deinem Mund und in deinem Herzen, du kannst es halten« (Dtn 30,14). Jeder Mensch kann seine eigene Antwort der Hingabe auf den Ruf Gottes geben und »viel Liebe zeigen« (Lk 7,47).

Fassen wir unsere bisherigen Überlegungen kurz zusammen: Das Leben ist ein Seiltanz. Wer die Balance nicht findet und hält, gerät in Gefahr. Absturzgefährdet ist der Planet Erde ebenso wie die ganze Menschheit. Die biblische Offenbarung lädt ein, sich auf den Gott und Vater Jesu Christi als *die* Lebensmitte hin auszurichten. Der ewige, vollkommene, maß-lose Gott hat sich in Jesus von Nazareth auf ein menschliches Maß eingrenzen lassen. Seither ist Jesus Christus das Maß und die Mitte schlechthin.

[5] Joachim Jeremias, Die Gleichnisse Jesu, Göttingen ^{7}1978, 133–134.

3. Jesus Christus – Mittler und Mitte

Das Christentum bekennt Jesus Christus als Mittler. Worin besteht die Mittlerschaft Jesu Christi? Hier ist eine kurze Besinnung auf das Menschsein nötig. Jeder Mensch erlebt sich eingespannt: Er ist bezogen auf Welt und Mitmensch ebenso wie auf oben, auf Gott hin. Der Mensch als Person ist eigentlich das Wesen der Mitte, denn er geht über sich hinaus und ist offen für alles. Empfinden wir das auch so? Fühlen wir uns nicht oft zerrissen, wie ans Kreuz geheftet im Schnittpunkt von oben und unten? Nie kommt der Mensch zur Ruhe: offen für alles, ausgerichtet auf Gott, auf die Gemeinschaft – und dann wieder zurückgeworfen auf sich und sein kleines, endliches Leben. Wie nahe doch Größe und Elend beieinanderwohnen ... Ist Zwiespalt und Zerrissenheit die letzte Bestimmung des Menschen, nie Versöhnung?

Jesus Christus – Mittler von Gott und Mensch

Der christliche Glaube ist überzeugt: Von sich aus kann der Mensch den Graben zwischen sich und Gott nicht überwinden. Diese Vermittlung kann nur von Gott her gelingen. Sie ist in Jesus Christus bereits geschehen. Denn er bringt das zur Bestimmung und Vollendung, was im Menschen angelegt ist, aber ohne ihn Bruchstück bleiben würde. Jesus Christus ist somit die tiefste Erfüllung des Menschseins. Das Neue Testament drückt das so aus: »Einer ist Gott, Einer auch Mittler zwischen Gott und den Menschen: der Mensch Christus Jesus« (1 Tim 2,5). Jesus Christus ist

»der neue Bund« (1 Kor 11,25; Lk 22,20). Der Evangelist Johannes sagt: Jesus ist in seiner Person »Weg« zum Vater (14,6). Dies ist Jesus alleine deshalb, weil er mit dem Vater »eins« ist (10,30). Damit ist Jesus Mittler zwischen Gott und Mensch. Paulus wiederum spricht vom »göttlichen Tausch«: »Denn ihr wisst, was Jesus Christus, unser Herr, in seiner Liebe getan hat: Er, der reich war, wurde euretwegen arm, um euch durch seine Armut reich zu machen« (2 Kor 8,9).

Die Einheit von Gott und Mensch in Jesus Christus zählt zu den Grundaussagen des Neuen Testaments. Jesus Christus *ist* die sich selbst mitteilende Liebe Gottes. Aber Jesus vereint in seiner Person beides: die Zuwendung Gottes zum Menschen *und* die Antwort des Menschen. Das Befreiende ist nun: Jesus Christus ist der neue Anfang für alle – nicht die Ausnahme! Mit Jesus Christus wendet sich das Blatt. In ihm finden Gott und Mensch, Himmel und Erde wieder zueinander. Jahrhunderte später, im Jahr 451, werden die Väter des Konzils von Chalkedon das biblische Zeugnis so zusammenfassen: Jesus Christus ist wahrer Gott und wahrer Mensch. In ihm kommen Schöpfung und Erlösung, Gott und Welt zusammen.[6]

[6] Dass die Vermittlung von Gott und Mensch in Jesus Christus nur als ein Geschehen »im Heiligen Geist« verstehbar ist, führen wir hier nicht weiter aus. In diesem Zusammhang ist Bonaventura (1217–1274), Franziskaner und einer der größten Theologen des Mittelalters, zu erwähnen. Bonaventuras Meditationen kreisen um Joh 1,26: »Mitten unter euch steht der, den ihr nicht kennt.« Christus ist die Mitte von allem, und zwar als Mittler. Er ist also »vermittelnde Mitte«; alles hat in ihm seinen Ort.

Jesus Christus – »freier Zugang zum Vater«

Was hat Jesus bewirkt? Was ist nach Jesu Tod und Auferstehung anders als vorher? Auf diese Frage sind mehrere Antworten möglich. Paulus betont, dass wir durch Jesus freien Zugang zum Vater haben: »In ihm haben wir den freien Zugang durch das Vertrauen, das der Glaube schenkt« (Eph 3,12). Die Nachfolge Jesu, das gläubige Nachgehen in den Fußstapfen des Meisters, schenkt uns ungehinderten Zugang zu Gott-Vater. Ein spirituelles Schlüsselerlebnis, das Ignatius in La Storta an der Via Cassia, etwa 14 km vor Rom, zuteil wurde, vermittelte ihm dieses befreiende Wissen: »Und als er an einem Tag, einige Meilen, bevor er nach Rom gelangte, in einer Kirche war und betete, verspürte er eine solche Veränderung in seiner Seele und hat so klar gesehen, dass Gott Vater ihn zu Christus, seinem Sohn, stellte, dass ihm der Mut nicht ausreichen würde, daran zu zweifeln, dass vielmehr Gott der Vater ihn zu seinem Sohn stellte.«[7] Ignatius ist sich sicher, an der Seite Jesu, des Sohnes, vor dem Vater zu stehen. Was hier berichtet wird, ist kein Privileg des Ignatius, sondern der Kern jedes Christseins: Jeder und jede Getaufte ist in das Verhältnis Jesu, des Sohnes, zum Vater aufgenommen und ist dadurch in der göttlichen Dreifaltigkeit total geborgen. Spätestens jetzt ist klar: Die Mittlerschaft Jesu Christi ist nichts, was nur Fachtheologen angeht. Hier geht es um das Wesen des christlichen Glaubens, nämlich mit Christus vor Gott stehen und in Gott leben. Hier geht es um ein Leben ohne Angst. Ich darf in der Gewissheit leben, von Gott mit genau der Liebe geliebt zu werden, in welcher Gott-Vater seinem eigenen Sohn von Ewigkeit her zugewandt ist.

[7] BP 96; vgl. GT 67,2; 77,2.

Ist das nicht eine Einladung zu tiefer Gelassenheit? Ich bin in meiner Suche nach Sinn, Glück und Heil nicht auf mich alleine gestellt. Jesus Christus ist die Brücke zu Gott-Vater. Sie ist schon gebaut. Das Tor in den Himmel steht bereits offen. Wer sein Leben darauf baut, findet die Balance und wird mittig. Darüber hinaus liegt im Glauben an die Mittlerschaft Jesu Christi die Zusage, im Mühen um das Beten nicht alleine zu bleiben. Gott hört im Beten des Glaubenden die Stimme seines eigenen Sohnes. Wer auf Jesus als Mittler vertraut, hat im Beten einen verlässlichen Helfer – den Heiligen Geist: »So nimmt sich auch der Geist unserer Schwachheit an. Denn wir wissen nicht, worum wir in rechter Weise beten sollen; der Geist selber tritt jedoch für uns ein mit Seufzen, das wir nicht in Worte fassen können« (Röm 8,26).

Jesus Christus – Mitte des Kosmos

Christlicher Glaube sieht in Jesus Christus den »Raum«, wo Schöpfung und Erlösung zusammenfinden. Es war darum naheliegend, dass die Urkirche über die Bedeutung Jesu Christi für die Schöpfung und für den ganzen Kosmos nachdachte. Sie kam zum Ergebnis: Jesus Christus ist der »Schöpfungsmittler«.[8] Neben Paulus und Johannes meditieren die Verfasser des Kolosser-, des Epheser- und des Hebräerbriefes über die Mittlerschaft Jesu Christi bei der ursprünglichen Erschaffung der Welt. Wenn Paulus hervorhebt, »durch ihn ist alles, und wir sind durch ihn« (1 Kor 8,6), so hatte dieser Schöpfungsglaube einen praktischen Sinn: Wer an Jesus Christus, den Schöp-

[8] Dazu Medard Kehl, Und Gott sah, dass es gut war. Eine Theologie der Schöpfung, Freiburg 2006, 147–153.

fungsmittler, als Erlöser und universalen Herrn glaubt, ist von Angst befreit. Weder Götzen noch irgendwelche Mächte und Gewalten, auch keine herkömmlichen Kultvorschriften können den Gläubigen dann noch knechten.

Der Autor des Lobliedes auf Christus, das am Beginn des Kolosserbriefes steht (1,12–20), geht noch einen Schritt weiter: Wenn Jesus eine einzigartige Rolle bei der Schöpfung im Anfang hat, muss das nicht auch Bedeutung haben für das Ende der Geschichte? Jesus Christus ist nicht nur Schöpfungsmittler (V. 15: »Erstgeborener der ganzen Schöpfung«), sondern auch der große Vermittler und Friedensstifter »im Himmel und auf Erden« (V. 20), Ursprung der erneuerten Schöpfung (Eph 1,10). Davon war der Jesuit Pierre Teilhard de Chardin (1881–1955) fasziniert. Er war leidenschaftlich beides, Priester und Naturwissenschaftler (Paläontologe), und litt unter der sich zusehends vertiefenden Kluft zwischen Gott und Welt. Für Teilhard ist Jesus Christus die vermittelnde Gestalt, denn er ist »das Alpha und das Omega« der Schöpfung.[9] In der Schöpfung ist Christus von Anfang an wirksam. Er wirkt als eine Art Anziehungskraft, die alles durchdringt und alles zur Einheit führt. Allerdings: Für Teilhard ist Christus-Omega die Stimme der Liebe (und keine Naturkraft), mit der Gott die Welt zu ihrer Vollendung in Christus ruft.

Jesus Christus – Maß neuen Menschseins

Das Neue Testament bezeugt also: Jesus Christus ist das Herzstück allen Seins, Brennpunkt des Alls, die

[9] »Ich bin das Alpha und das Omega, der Erste und der Letzte, der Anfang und das Ende« (Offb 22,13).

Mitte von allem. Was bedeutet dies im Hinblick auf das Geheimnis, das der Mensch ist? Paulus beschreibt es so: Jesus Christus ist der »neue Adam«[10]. In ihm ist der neue Mensch angekommen. Menschsein neu: Wer möchte das nicht hin und wieder – gänzlich neu anfangen, ohne den Ballast, den vergangene Generationen und das eigene Tun einem aufgebürdet haben? Wer wissen will, wie das geht: Mensch sein, ganz neu und anders, muss auf Jesus schauen. Christus ist das Maß des neuen Menschen. Das Rätsel des menschlichen Daseins wird in Christus hell. Indem Jesus Christus uns die Liebe des Vaters unüberbietbar und endgültig zeigt, wird uns das Geheimnis unseres Menschseins zugänglich.[11] Konkret bedeutet dies: Je weiter ich in die Christusnachfolge hineinwachse, je mehr Christus in mir »Gestalt annimmt« (vgl. Gal 4,19; 2 Kor 3,18), umso tiefer erfülle ich meine ureigene Berufung, umso mehr werde ich Mensch.
Jesu Leben ist somit Modell für Menschsein schlechthin. Ist das möglich: Ist es nicht total vermessen zu sagen, ich schaue mir mein Menschsein von Jesus ab? Muss der Mensch dabei nicht zwangsläufig Schiffbruch erleiden?

[10] Vgl. Röm 5,14; 1 Kor 15,21–22.
[11] Das Zweite Vatikanische Konzil schreibt: »Tatsächlich klärt sich nur im Geheimnis des fleischgewordenen Wortes das Geheimnis des Menschen wahrhaft auf. Denn Adam, der erste Mensch, war das Vorausbild des zukünftigen, nämlich Christi des Herrn. Christus, der neue Adam, macht eben in der Offenbarung des Geheimnisses des Vaters und seiner Liebe dem Menschen den Menschen selbst voll kund und erschließt ihm seine höchste Berufung … Der ›das Bild des unsichtbaren Gottes‹ (Kol 1,15) ist, er ist zugleich der vollkommene Mensch, der den Söhnen Adams die Gottebenbildlichkeit wiedergab, die von der ersten Sünde her verunstaltet war« (*Gaudium et spes* 22).

4. An Jesus Maß nehmen

In gewisser Hinsicht ist Jesus kein vernünftiges Vorbild, jedenfalls nicht im landläufigen Verständnis von Vernunft. Wie soll einer Orientierung bieten, dem seine Familie Verrücktheit unterstellt? »Als seine Angehörigen davon hörten, machten sie sich auf den Weg, um ihn mit Gewalt zurückzuholen; denn sie sagten: Er ist von Sinnen« (Mk 3,21). Viele Zeitgenossen hielten Jesus für mehr als extravagant: »Er ist von einem Dämon besessen und redet im Wahn« (Joh 10,20).
Trotzdem ist Jesus kein destruktives Vorbild, vielmehr ein Beispiel wie kein anderes; ein Maß, wie es sonst keines gibt. Jemandem, der dir das Hemd wegnehmen will, »auch noch den Mantel« dazuzugeben (Mt 5,40); die 99 Schafe auf den Bergen zurückzulassen, um das eine verirrte zu suchen (Lk 15,4); »nicht siebenmal, sondern siebenundsiebzigmal zu vergeben« (Mt 18,22): Derartiges tut der »normale«, sogenannte »gesunde«, rechnende Hausverstand nicht – die Liebe aber schon! Diese Jesusworte bezeugen: Gottes Liebe zum Menschen ist nicht vernünftig, sondern töricht. Der Philosoph Blaise Pascal sagt: »Das Herz hat seine Gründe, die der Verstand nicht kennt.« Gott verschont sich nicht. Der byzantinische Theologe Nikolaus Kabasilas (1300–ca.1390) und zeitgleich Katharina von Siena (1347–1380) sprechen von der »närrischen« Liebe Gottes und des Erlösers. Hier deutet sich an: Wer an Jesus Maß nimmt, findet ein Plus und wird die herkömmlichen Pfade der Plausibilität ab und zu verlassen. Ist Liebe mit im Spiel, dann ist das Joch Jesu leicht, auch wenn es viel vom Menschen verlangt.

Das leichte Joch Jesu

Unlängst erzählte mir ein Zimmermann von seiner Lehrzeit. Beim Aufsetzen eines Dachstuhls sei es üblich gewesen, dem Rücken des Lehrlings einen Balken mittig aufzulegen. Dann drückte einer an einem der beiden freischwebenden Enden hinunter. Dadurch ging das andere Ende hoch und der Balken ließ sich leichter in die Höhe hieven. Ein frühzeitiger Bandscheibenvorfall war die Folge.

Manche Jesusworte sind wahrlich keine leichte Kost. Die radikalen Nachfolgesprüche lassen den Gedanken aufkommen: »Das ist die totale Überforderung! An Jesus Maß nehmen – das ist nichts für mich.« In der Tat: Sich zu viel zumuten endet meist nicht gut. Wer sich überanstrengt, missachtet sein Maß und erleidet Schaden. Aber kapituliert nicht manch einer zu schnell, ohne sich auf den Weg zu begeben, ohne überhaupt einen Schritt zu setzen? Es braucht ein Minimum an Lernbereitschaft: »Nehmt mein Joch auf euch und lernt von mir … Denn mein Joch drückt nicht, meine Last ist leicht« (Mt 11,29–30).

Jesus-Nachfolge geschieht, indem ein Mensch an Jesus Maß nimmt und aufbricht. Nüchtern betrachtet, wird dabei stets eine Reihe von Motiven wirksam sein. In die lautere Absicht, Jesu Ruf in die Nachfolge eine liebevolle Antwort zu geben, wird sich anderes mischen. So kann etwa der Wunsch, jemandem etwas beweisen zu wollen (Gott, den Mitmenschen, sich selbst), unendlich viel Energie freisetzen. Wer sich dennoch auf den Weg begibt, darf vertrauen: Der Geist Jesu Christi nimmt das Vorhandene auf und »reinigt« es (vgl. Joh 15,2). Der Geist Jesu bestätigt, korrigiert und stützt es, um den Menschen über sich hinaus zu führen. Jesu

Maß ist ein produktives Vorbild, weil sein Geist die besten, vielleicht noch schlummernden Kräfte im Menschen wachruft.
Freilich: Zum Joch Jesu gehört auch das »Einer trage des anderen Last« (Gal 6,2). Das ist kein Spaß, sondern kostet. Jesus trägt das Gewicht der Welt. Wer an der Last Jesu ein klein wenig mitträgt, wird sie als das spüren, was sie ist: eine Last. Aber hat nicht auch jede tiefe Liebe ihr Gewicht – ihr »süßes Gewicht«? Das Wagnis der Liebe eingehen bedeutet, sich nicht herauszuhalten, sondern den Schritt der Selbsthingabe zu riskieren.

Sich verschwenden für die Interessen Gottes

Von Johannes Maria Vianney (1776–1859), dem hl. Pfarrer von Ars, mit der Herzenskenntnis begnadet und oft bis zu 14 Stunden täglich Beichte hörend, ist ein denkwürdiges Wort überliefert: »Wenn Sie so weitermachen, werden Sie Gott die entkräfteten Reste eines Herzens darbringen, das sich für Interessen verbraucht hat, die nicht die Interessen Gottes waren.« Da kommt ein Mann zu Vianney, der für bestimmte Ziele lebt. Er geht seinen Interessen nach, nicht nebenher, sondern mit Einsatz und Engagement. Dabei verbraucht er seine Kraft und seine Lebenszeit. Das Wort Vianneys lässt darauf schließen, dass der Betroffene seine Kräfte für etwas einsetzte, was es nicht wert war. Jedenfalls handelte es sich nicht um die Interessen Gottes.
Was sind die Interessen Gottes? Gott will einen neuen Himmel und eine neue Erde. Gott will eine neue Communio, eine Gemeinschaft zwischen sich und den Menschen und der Menschen untereinander. Gott will, dass der Mensch seine Talente entdeckt und einsetzt für Interessen, die mit diesem Plan verträglich sind. Was

werden wir Gott einmal darbringen? Die »entkräfteten Reste eines Herzens« werden es in jedem Fall sein; ob eines Herzens, das sich für die Interessen Gottes verbraucht hat, ist offen. Eines ist sicher: Jesus ging nicht kleinlich mit seinen Ressourcen um. Alles, nur nicht maßvoll war er, wenn es darum ging, sein Leben für die Interessen seines himmlischen Vaters zu verschwenden. Sein Leben war ein »Leben-für«: für die Nöte der Menschen, für die Welt, für das Reich Gottes. Er hatte keine Angst um sich. So fiel seine Wahl auf das Sich-verbrauchen-Lassen.

Dieses Lebenskonzept ist nachzulesen in den vier Evangelien. Darauf aufbauend gibt es ein fünftes Evangelium, geschrieben mit Fleisch und Blut, das Leben der Heiligen. Hier ist ablesbar, welches Profil ein Leben gewinnt, das an Jesus Maß nimmt und in ihm die Mitte hat. Viele hatten ihre liebe Mühe mit dem Maßhalten, zunächst auch Ignatius von Loyola. Sind die Heiligen nicht extreme Existenzen? Ja, Heilige sind außergewöhnlich – in ihrer Liebe.

Die Heiligen – extreme Existenzen

Eines steht fest: Wer Maß mit Mittelmäßigkeit verwechselt, begeht einen fatalen Irrtum. Die Mitte hat mit Lauheit nichts zu tun: »Wärest du doch kalt oder heiß! Weil du aber lau bist, weder heiß noch kalt, will ich dich aus meinem Mund ausspeien« (Offb 3,15–16). Die Mitte findet, wer entschlossen ist zum Wesentlichen und alles auf eine Karte setzt. »Wenige Menschen ahnen, was Gott aus ihnen machen würde, wenn sie sich ihm ganz überließen«, gibt Ignatius von Loyola zu bedenken. Heilige gingen aufs Äußerste: in ihrer Entschiedenheit für Gott und sein Reich, in ihrem inneren

Reifungsweg, der Kämpfe zwangsläufig nach sich zieht. In diese Richtung zielt ein berühmtes Wort von Kardinal John Henry Newman (1801–1890): »Heiligkeit geht vor dem Frieden.« Es ist nicht von ungefähr, dass dem Mittelalter das Maß als eine vor allem ritterliche Tugend galt.

Was die Gestalt ihrer jeweiligen Sendung betrifft, öffnen die Heiligen des Christentums einen »Fächer der Stile«. Die Bandbreite reicht von extrem irritierend und nach außen hin anstößig bis zu extrem verborgen. Da gibt es die etwas bizarren Säulensteher des frühen syrischen Christentums, die auffälligen »frommen Narren« oder heilige Politiker. Ihnen stehen Eremiten, Pförtner oder Küchenheilige gegenüber, deren Wirkungskreis kaum jemals über ihre vier Wände hinausgegangen sein dürfte. Nicht die staunenerregende Inszenierung ist entscheidend, sondern die vollkommene Liebe: »Und wenn ich meine ganze Habe verschenkte, und wenn ich meinen Leib dem Feuer übergäbe, hätte aber die Liebe nicht, nützte es mir nichts« (1 Kor 13,3).

Heilige sind Menschen, die in ihrer Zeit das tun, was Jesus tat. Jesus hat Gemeinschaft gestiftet. Sein Zwölferkreis verstand sich als Fundament des neuen Israel. Heilige bewegten sich im Beziehungsraum Kirche, wenngleich sie mit dieser konkreten Kirche manchmal ihre Schwierigkeiten hatten.

Maßstab Eucharistie

Unsere bisherigen Überlegungen erwecken vielleicht den Eindruck, als sei es vorwiegend Sache des (der) Einzelnen, das Maß zu suchen und die Mitte zu finden. Viele fühlen sich tatsächlich in ihrer Suche nach dem richtigen Leben allein und alleingelassen, nicht zuletzt von der Kirche. Nicht immer versteht sie es, das Evangelium zur Sprache zu bringen. In Wahrheit hat die Kirche eine aufregende Botschaft für alle, die nach der Mitte des Lebens suchen. Sie besagt: Die Mitte ist Mensch geworden! Der Gott Abrahams kam in der Fülle der Zeit als Mensch gewordene Mitte. Diese Mitte wirkt weiterhin als Mittler, in und durch die Kirche. Die Kirche ist – und daran muss sie sich messen lassen – »für das ganze Menschengeschlecht die unzerstörbare Keimzelle der Einheit, der Hoffnung und des Heils« (Zweites Vatikanisches Konzil, *Lumen Gentium* 9). Diese Mitte bleibt gegenwärtig in heiligen Zeichen. Die Mitte der Kirche bleibt die Eucharistie. Maßstab der Kirche ist somit die Eucharistie.

»Maßstab Eucharistie« – was könnte das bedeuten? Die Antwort ist schlicht wie das Brot der Eucharistie: das leben, was wir feiern. Denn die Feier der Eucharistie ist mit dem Auszug des Priesters keineswegs zu Ende. Das Danach ist ebenso bedeutend, ja wichtiger als der Vollzug der Feier. Jetzt, im Alltag, geht es darum, das zu werden, was man während der ganzen Feier empfangen hat – Leib Christi. Ein »eucharistischer Mensch« werden, wie geht das?

- Ein eucharistischer Mensch ist, wer aus der Haltung der Dankbarkeit lebt. Das Erste ist das Empfangen und das Bedanken der Gaben. Von Menschen, die Gott für Großes und Kleines danken, geht ein stiller Segen aus. Wo hingegen das Fordernde überwiegt, neigt der Mensch zur Selbstüberschätzung.
- Ein eucharistischer Mensch ist, wer wie Brot wird, also genießbar für die anderen. »Wer dies Geheimnis feiert, / soll selber sein wie Brot; / so lässt er sich verzehren / von aller Menschennot« – so singt ein Kir-

chenlied.[12] Glücklich, wer jemanden kennt, wo klar ist: Von dem oder von der kann ich etwas haben.

– Ein eucharistischer Mensch ist, wer Trennendes abbaut und konsequent für Versöhnung arbeitet (vgl. Eph 2,14). Oft findet der Test gleich anschließend statt, im Small Talk am Kirchenvorplatz: Worüber oder über wen wird gesprochen und vor allem: wie?

»Maßstab Eucharistie« – das ist zweifellos ein Lebensprogramm. Hier gilt, was der Evangelist Lukas von den zehn Aussätzigen erzählt: »Und während sie gingen, wurden sie rein« (Lk 17,14). Gelegentliche Ausrichtung mit Selbstreflexion ist gut. Allzu häufig dem eigenen geistlichen Leben den Puls zu fühlen macht unsicher. Es ist wichtig, vertrauensvoll weiterzugehen, dranzubleiben und den Geist Gottes an sich arbeiten zu lassen, denn, so Jesus, »mein Vater ist immer am Werk« (Joh 5,17).

Halten wir kurz inne: Ausgangspunkt unseres Gedankenganges waren die gegenwärtige Weltlage und die Befindlichkeit des Menschen in ihr. Es wurde deutlich, wie notwendig der Mensch das Maß und die Mitte hat: global, um zu überleben, individuell, um glücklich leben zu können. Die biblische Perspektive zeigte die Umrisse eines leidenschaftlichen Gottes, der dem Menschen alles gibt und von diesem eine Antwort erwartet, die nicht kleinlich rechnet. Das ist abzulesen an Jesus Christus: an seiner Verkündigung, an der Art seines Lebens, Betens, Leidens und Sterbens. Die Botschaft von der Auferstehung unterstreicht, dass Jesus Christus tatsächlich Mittler zwischen Gott und Mensch ist, demnach auch Mitte und Maß. Wie haben Menschen des Glaubens diesen Entwurf praktiziert? Hat es ihnen zur Balance und zum richtigen Leben verholfen?

[12] Gotteslob Nr. 620,3.

5. Die Balance finden – überlieferte Einsichten

Das Leben ist ein Seiltanz. Abstürze sind möglich. Manchmal sind die Bedingungen so, dass der Fall vorprogrammiert ist. Das ist eben die Kunst: nicht zu viel und nicht zu wenig, nicht zu schnell und nicht zu langsam, nicht zu heiß und nicht zu kalt etc. Das Zuviel ist wie das Zuwenig maßlos und bringt den Menschen nicht weiter, sondern manchmal um. Das Wissen darum stand längst vor Christus zur Verfügung. Väter und Mütter des Glaubens haben diese Weisheit aufgenommen und »getauft«.

Mönchische Erfahrung

Das Mönchtum zählte stets zum Intensivsegment der Kirche. Menschen, die alles in die Gottsuche hineinlegen, neigen dazu, ihr Streben und ihren Willen stark zu betonen. Daneben führte die Mühsal des konkreten, alltäglichen Zusammenlebens zur Aneignung der antiken Weisheit *ne quid nimis* (dt.: nichts ohne Maß; alles mit Maß). So sagt der Mönchsvater Poimen geradeheraus: »Alles Übermaß ist von den Dämonen.«[13] Dahinter stehen leidvolle Erfahrungen! Viele Zeugnisse aus dem frühen Mönchtum unterstreichen, dass nur eine ausgewogene Strategie zum Ziel führt. Dies hebt das Wort einer geistlichen Mutter hervor, Amma

[13] Wüstenväterzitate aus: Weisung der Väter. Apophthegmata Patrum, auch Gerontikon oder Alphabeticum genannt, übersetzt von B. Miller (= Sophia Bd. 6), Trier ^{4}2002 (zuerst 1965), 237 (= Nr. 703; zitiert als WdV und Angabe der fortlaufenden Nummer).

Synkletika: »Es gibt eine überspannte Askese, die vom Feind ist. Denn auch seine Schüler üben sie. Wie nun unterscheiden wir die göttliche, die königliche Askese von der tyrannischen, dämonischen? Offenkundig durch das Maß« (WdV Nr. 906). Askese ist nicht Selbstzweck. Sie will den Menschen sensibilisieren und frei machen für die Begegnung mit Gott. Ohne das persönliche Augenmaß entsteht das Gegenteil, eine selbstbezügliche Tyrannei, die von Gott distanziert. Der Urvater des Mönchtums, Antonius der Große, bringt es auf den Punkt: »Es gibt solche, die ihren Leib mit Bußübungen aufgerieben haben. Da sie aber die Unterscheidungsgabe nicht hatten, haben sie sich von Gott weit entfernt« (WdV Nr. 8). Damit bringt Antonius etwas Richtungsweisendes zur Sprache. Das Maß finden hat nicht nur mit Lebenserfahrung zu tun. Es ist auch Ergebnis geistlicher Unterscheidung. Alle, die sich nachhaltig auf einen spirituellen Weg begeben, müssen diese Unterscheidungsgabe – die Tugend der *discretio* – erlangen. Das geht nicht ohne Niederlagen! Dies, so die Mönchsväter, spielt jedoch keine Rolle. Im Gegenteil: Versuchungen machen den Menschen demütig, und ohne Demut keine *discretio*, kein Maß. Johannes Cassian († um 435), selbst lange Zeit Gast der Wüsteneremiten, fasst zusammen: »Die Gabe der *discretio*, die allein uns vor aller Maßlosigkeit bewahren kann, müssen wir durch Demut zu erlangen suchen. Ein altes griechisches Sprichwort sagt nämlich: *akrotetes isotetes*, d.h., Extreme berühren sich. Letztendlich kommt es aufs selbe heraus: übermäßiges Fasten – maßloses Essen, unmäßiges Wachen – Langschläfrigkeit, Exzesse der Enthaltsamkeit – apathische Nachlässigkeit. So konnten wir oft beobachten, wie die durch Gefräßigkeit nicht Verführbaren durch übermäßiges

Fasten zu Fall kamen: Waren sie zu sehr geschwächt, dann fielen sie oft in die Leidenschaft, die sie gerade besiegt hatten. Darum muß man nach dem Apostel ›mit den Waffen der Gerechtigkeit mitten zwischen rechts und links‹ (2 Kor 6,7) hindurchgehen, also den goldenen Mittelweg zwischen zwei Extremen. Führerin ist die *discretio*.«[14] Naheliegend, dass, wer sich von maßvoller Unterscheidung führen lässt, sich selbst wiederum für Führungsaufgaben – in der Kirche und darüber hinaus – empfiehlt.

Management und Spiritualität – die Regel des hl. Benedikt

In den Führungsetagen großer Unternehmen ist Spiritualität seit geraumer Zeit ein Thema. Wenn sich Trainer und Organisationsberater dabei von Erfahrungswerten der christlichen Tradition, zumal der großen Orden, inspirieren lassen, hat dies gute Gründe. Die Regel des hl. Benedikt – der Kirchenlehrer Gregor der Große (540–604) bezeichnet sie als »herausragend im Hinblick auf das Maß« – enthält wertvolle Hinweise. Hierzu einige Beispiele:

Das Feedback des Vorgesetzten sollte zum richtigen Zeitpunkt erfolgen und ausgewogen sein: »Wenn der Abt lehrt, halte er sich immer an das Beispiel des Apostels, der sagt: Tadle, ermutige, weise streng zurecht (2 Tim 4,2). Das bedeutet für ihn: Er lasse sich vom Gespür für den rechten Augenblick leiten und verbinde Strenge mit gutem Zureden. Er zeige den entschlossenen Ernst des Meisters und die liebevolle Güte des Vaters« (RegBen 2,23–24). Rückmeldungen

[14] Johannes Cassian, Unterredungen mit den Vätern II,16.

passen eben nicht immer. Ist Kritik mit Lob ausbalanciert, wird sie vom Adressaten bereitwilliger angenommen. Oder: Benedikt weiß, dass es neben den Selbstsicheren auch die gibt, die zur Verzagtheit neigen. Gerade auf sie ist Rücksicht zu nehmen: »Alles aber geschehe der Kleinmütigen wegen maßvoll« (48,9). Oder: Junge Auszubildende haben es in keinem Betrieb leicht. Ihre Beaufsichtigung soll stets »maßvoll und überlegt« (70,5) sein.
Einer Gemeinschaft vorstehen und sie lenken verlangt eine realistische und zugleich visionäre Voraussicht. Vom Abt, der »Führungskraft«, ist ein Spagat erfordert. Er hat den Ausgleich zu schaffen zwischen jenen, die strebsam sind und voranpreschen, und jenen, deren Tempo etwas gemächlicher ist: »In seinen Befehlen sei er (der Abt) vorausschauend und besonnen. Bei geistlichen wie bei weltlichen Aufträgen unterscheide er genau und halte Maß. Er denke an die maßvolle Unterscheidung des heiligen Jakob, der sprach: ›Wenn ich meine Herden unterwegs überanstrenge, werden alle an einem Tag zugrundegehen‹ (Gen 33,13). Diese und andere Zeugnisse maßvoller Unterscheidung, der Mutter aller Tugenden, beherzige er. So halte er in allem Maß, damit die Starken finden, wonach sie verlangen, und die Schwachen nicht davonlaufen« (64,17–19). Es kommt darauf an, dass alle im Boot bleiben und sich für das gemeinsame Ziel einsetzen.

Die Lust am Leben temperieren – Thomas von Aquin

Für Thomas von Aquin und die Schultheologie des Mittelalters ist die *temperantia* eine der vier sogenannten Kardinaltugenden, somit eine der »vier Angeln, in denen das Tor zum Leben schwingt«.[15] Hier begegnet eine nicht geringe Schwierigkeit: Das lateinische *temperantia* ist in das gegenwärtige Deutsch praktisch unübertragbar, zumindest nicht anhand nur eines Begriffes. Jedes mögliche Wort löst Gedanken aus, die nach »alles verneinend, einseitig beschränkend, beschneidend, bremsend etc.« riechen. Josef Pieper, ein Kenner der Materie, übersetzte 1964 *temperantia* mit »Zucht und Maß«. Ob sich damit heute jemand für die Sache gewinnen lässt? Für diesen Zweck verspricht die Umschreibung von Helmut Schlegel mehr: »Die wohltemperierte Lust am Leben wach halten.«[16] Im Bereich der *temperantia* wird nämlich sehr pointiert die Haltung zur Schöpfung und zur Welt entschieden. Die Lust am Leben, das vitale Interesse, die grundsätzliche Bejahung des Daseins ist vom christlichen Glauben nicht nur empfohlen, sie ist göttliches Gebot. Freilich: Vitalität und das Ja zum Leben lassen sich nicht befehlen. Es ist eine kräftige Ermutigung. Das »Du darfst« steht vor dem »Du sollst«. Was macht also die Tugend der *temperantia*? Sie lenkt. Die Lust am Leben bewirkt nämlich dann Gutes, wenn sie sich von der *temperantia* ordnen lässt. Josef Pieper vergleicht die *temperantia* mit einem Flussbett.[17] Es ist durch die Ufer begrenzt und bietet dadurch dem Wasser Raum. Ähnlich die *temperantia*: Das rechte Maß lenkt die Wasser des Lebens in die richtige Bahn. Daraus lässt sich auf vielfältige Weise Energie gewinnen. Die Devise lautet also: die seelischen Kräfte bündeln, nicht abtöten oder im Sand verlaufen lassen.

[15] Josef Pieper, Das Viergespann, München 1964, 202.
[16] Helmut Schlegel, Spiritual Coaching. Führen und Begleiten auf der Basis geistlicher Grundwerte, Würzburg 2007, 147.
[17] Josef Pieper, Viergespann, 243.

»Wohltemperiert« besagt, dass Extreme mittel- und langfristig kein Glück bringen. Weder das eine, nur die Leidenschaften zu befriedigen, noch das andere, ängstlich die Temperamente im Zaum zu halten, lässt den Menschen weiterkommen. Kurz: Das rechte Maß im Blick zu haben verwirklicht noch nicht das Gute, aber schafft dafür die Voraussetzung. Bereits die Philosophie der Antike fragte, was dem menschlichen Leben eigentlich heilsam ist. Das Beste wäre, würde man stets das Angemessene treffen, also weder das Zuwenig noch das Zuviel. In beiden Fällen bekommt das Leben einen destruktiven Zug. Warum? Das Christentum sieht den Menschen als Fass ohne Boden. Er ist fähig, in sich das Unendliche (letztendlich: Gott!) aufzunehmen. Unersättlich – so ist der Mensch. Wer kennt das nicht, immer noch mehr wollen, nie zufrieden sein mit dem, was ist! Diese Tendenz muss sich erst noch mit der Begrenztheit des menschlichen Daseins aussöhnen. In der »unversöhnten Maßlosigkeit« bleibt der Mensch unter seinen Möglichkeiten, wird sogar inhuman. Das Ziel wäre, paradox formuliert, »versöhnte Maßlosigkeit«. Versöhnte Maßlosigkeit, das würde etwa bedeuten: Ich will alles, ja. Aber vernünftig betrachtet, brauche ich nicht alles. Im Tiefsten weiß ich sogar, ich kann nicht alles haben – und das ist okay. Der Haken an der Sache ist freilich, dass man erst wissen muss, wofür man lebt, ehe man sich selbst Grenzen setzt. Ohne ein Lebensziel, ohne ein sittliches Ideal, ohne den Wunsch, für Überzeugungen einzustehen, wird das nicht gehen.

Ignatius von Loyola fand in Jesus Christus den Grund und den Sinn seines Lebens. Von Christus her ließ sich Ignatius das Maß zeigen. Ignatius hatte dabei seine Mühe und benötigte dafür Zeit.

Die Gefährlichkeit von Extremen – Ignatius von Loyola

Glaubensbiographien sind unendlich vielgestaltig. Manche Lebenswege des Glaubens machen den Eindruck von Kontinuität. Andere wiederum kippen, besonders in den Phasen nach der Bekehrung, von einem Extrem ins nächste. Ignatius hatte eine Zeitlang Übertreibungen Raum gegeben, ihre Gefährlichkeit erkannt und sich nach und nach distanziert. Davon erzählt er im »Bericht des Pilgers«, einem autobiographischen Text: »Und er bat in Manresa jeden Tag um Almosen. Er aß nicht Fleisch, noch trank er Wein, selbst wenn man ihn ihm gab ... Und weil er sehr sorgsam in der Pflege seines Haars gewesen war, was man in jener Zeit gewohnt war, und er guten Haarwuchs hatte, entschloß er sich, es so seiner Natur nach gehen zu lassen, ohne es zu kämmen noch zu schneiden noch es mit irgend etwas in der Nacht oder am Tag zu bedecken. Und aus demselben Grund ließ er die Nägel an den Füßen und Händen wachsen, weil er auch darin sorgsam gewesen war« (BP 19). Gibt es eine Erklärung dafür? Möglicherweise wollte Ignatius anfangs Signale setzen für die Umwertung aller Werte, die in der Begegnung mit dem Auferstandenen immer passiert. Die alte Welt bricht zusammen, das berichtet der Apostel Paulus: »Was mir damals ein Gewinn war, das habe ich um Christi willen als Verlust erkannt« (Phil 3,7). Was zuvor vielleicht überhöhtes Gewicht hatte – seine übertriebene Sorgfalt im Outfit –, sollte jetzt zurückgestutzt werden, als Zeichen vor Gott, vor sich, vor der Umwelt. Das hatte seine Zeit. In Anbetracht der ihm von Gott geschenkten Freude und der ersten Früchte seines Apostolates wurde das aber zusehends unwichtiger: »Im gleichen Manresa, wo er fast ein Jahr war, ließ er, nachdem er von Gott getröstet zu werden begonnen hatte und die Frucht sah, die er in den Seelen durch den Verkehr mit ihnen bewirkte, von jenen Extremen ab, die er zuvor einhielt. Er schnitt sich bereits die Nägel und Haare« (BP 29).

Aus späterer Sicht wusste Ignatius: Das war übertriebener Eifer. Bleibt es dabei, ist der Zusammenbruch vorgezeichnet. Wie das Zuwenig, die Lauheit, kommt genauso das Zuviel, der unkluge Eifer, vom Bösen. Beides zerstört. Ignatius versucht, das seinen Mitbrüdern in Coimbra in einem Brief klarzumachen: »Die geistlichen Krankheiten kommen nicht nur von kalten Ursachen, wie es die Lauheit ist, sondern auch von heißen, wie es der übertriebene Eifer ist ... Wenn man diese Mäßigung nicht hat, verkehrt sich das Gute in Böses und die Tugend in Laster.«[18] Nachfolge Jesu und das geistliche Leben gleichen weniger einem Sprint als einer Mittel- oder Langstrecke. Da sind clevere Einteilung der Kräfte und Beständigkeit gefragt. Wer sich total verausgabt, sei es gleich zu Beginn oder während einer anderen Phase, benötigt unverhältnismäßig mehr Kraft oder gelangt überhaupt nicht ans Ziel. Kurz: Alles, was mit einem »zu sehr« einhergeht, ist mit Vorsicht zu genießen. Auf Dauer ist es nicht lebensförderlich.

Weil Ignatius selbst durchaus leidvolle Erfahrung mit diesem Problem machte, sehen wir an ihm ein zartes Gespür für das Maß. Diese besondere Klugheit floss in sein Werk ein, vor allem in die Exerzitien, und generell in die Art und Weise, wie die Gesellschaft Jesu an

[18] Brief 169, in: Ignatius von Loyola, Briefe und Unterweisungen, übers. von Peter Knauer, Würzburg 1993, 145.

die Wirklichkeit herangeht. Oft sind es kleine Hinweise, die von dieser Haltung zeugen. Dass die Übungen der Exerzitien »den eigentümlichen Voraussetzungen derer anzupassen (sind), die sich ihnen unterziehen wollen«, hört sich selbstverständlich an (EB 18). Hier ist an das Alter, die Bildung, die geistige Fassungskraft zu denken. Die Durchführung erfordert vom Begleiter oder von der Begleiterin Empathie, Menschenkenntnis und Augenmaß. Oder: Die Tugend des Maßes ist, so hielten wir im vorigen Abschnitt fest, um das rechte Verhältnis zur Schöpfungswirklichkeit insgesamt bemüht. Ignatius buchstabiert das an alltäglichen Dingen durch: am bedachtsamen Essen (EB 210–217) oder am Geld (EB 340).
Wie hältst du es mit dem Essen? Was bedeutet dir Geld? Solchen handfesten Herausforderungen kann sich kein Mensch entziehen. Hier das rechte Maß finden ist nicht leicht. In westlichen Industrieländern schlagen sich Verantwortliche mit dem Thema Fettleibigkeit ebenso herum wie mit der Magersuchtproblematik. Was passiert, wenn Geldgebarung gänzlich entgleitet, dokumentiert die gegenwärtige Finanz- und Wirtschaftskrise. Überall, wo es um das Leben geht, ist Balance vonnöten.

6. Eutonie gläubigen Lebens

Alles menschliche Leben ist damit, dass es lebendig ist, gegensätzlich gebaut. Das Dasein lebt aus einer spannungsgeladenen Polarität: Individuum und Gemeinschaft, Aktivität und Passivität, Freiheit und Ordnung etc. Leben ist so viel wie In-Spannung-Sein. Maß und Mitte gewinnt von daher die Bedeutung, diese Bedingungen auf sich zu nehmen und hindurchzugehen. *Hindurchgehen:* Dieses Wort wirft österliches Licht auf unsere Gedanken über das Gleichgewicht. Das Pascha Jesu Christi ist sein Hinübergang durch Leiden und Sterben in das lichtreiche Leben beim Vater (vgl. Joh 13,1). Ist ein österliches, »übernatürliches« Gleichgewicht denkbar? Gibt es eine Art gläubige Eutonie, welche die Gegensätze fruchtbar in Schwebe hält?

Wenn die Mitte fehlt

Führen wir uns zunächst vor Augen, was passiert, wenn die Mitte fehlt. Ein Jäger beobachtet, wie der Mönchsvater Antonius mit den Brüdern »Kurzweil trieb«. Das störte ihn. Antonius forderte daraufhin den Jäger auf, einen Pfeil auf den Bogen zu legen und diesen zu spannen. Der Jäger machte es so. »Da sagte er zu ihm: ›Spanne noch mehr!‹ und er spannte. Abermals forderte er ihn auf: ›Spanne!‹ Da antwortete ihm der Jäger: ›Wenn ich über das Maß spanne, dann bricht der Bogen.‹ Da belehrte ihn der Greis: ›So ist es auch mit dem Werk Gottes. Wenn wir die Brüder übers Maß anstrengen, versagen sie schnell. Man muss also den Brüdern ab und zu entgegenkommen‹« (WdV Nr. 13).

Wer viel von sich verlangt, legt diesen Maßstab oft allzu unbedacht und gewohnheitsmäßig an die Mitmenschen an. Oft ist Überforderung die Folge. Das weiß Antonius, deshalb steuert er entgegen. Hat das Streben keine Mitte und dadurch keine Korrektur, gibt es früher oder später einen Knall.

Was für die Askese zutrifft, gilt auch in anderen Bereichen. Der Heilige Geist wirkt, wo er will. Er bedient sich nicht immer des Amtes und der Sakramente der Kirche, sondern auch der freien Gaben, welche die Hl. Schrift als Charismen bezeichnet. Sie brechen in immer neuen Formen auf. Apostolische Bewegungen tauchen immer wieder in der Geschichte in vorher ungewohnten Formen und Gestalten auf. Sie sind Antworten des Hl. Geistes auf neue Situationen der Kirche. Dem Neuen und Ungewohnten begegnet man zunächst mit Abwehr. Davon hätte Ignatius mit den ersten Gefährten ein Lied singen können ... Die Kirchengeschichte zeigt jedoch: Neben großen Aufbrüchen, die unendlich viel Gutes bewirkt haben, gab es Bewegungen, die ins Leere gingen oder zu tiefen Spaltungen geführt haben, etwa die Montanisten, die Katharer, die Hussiten, die Reformation. Das kirchliche Amt beging Fehler durch Missbrauch von Macht und Autorität, durch fehlendes Verständnis etc. Aber manchmal beanspruchten Männer und Frauen den Willen Gottes für sich, ohne auf kritische Stimmen zu hören. Das brachte viel Schweres über die Menschen und über die Kirche. Charisma und Institution sind aufeinander verwiesen. Wenn die Mühsal der Vermittlung unterbleibt, endet das Charisma im Chaos und die Kirche in der Sklerose.

Das Resümee? Bernhard von Clairvaux (1090–1153) hatte Recht, als er die Tugend maßvoller Unterscheidung (*discretio*) einen »seltenen Vogel« (*rara avis*) nannte. Dass der Verlust der Mitte und des Maßes keineswegs nur die seelische Landschaft betrifft, ist an der Prophetenklage ablesbar. Der Prophet Micha nimmt kein Blatt vor den Mund. Er verflucht das »geschrumpfte Maß« (6,10). Hier geht es um handfeste Ausbeutung. Wer über Ressourcen verfügt und sagt: »Wir wollen das Maß kleiner und den Preis größer machen« (Am 8,5), handelt sich den Zorn Jahwes ein. Die Folge ist das Strafgericht, denn »dein Maß ist voll« (Jer 51,13). Wird das Zukommende verwehrt, steht die Gerechtigkeit auf dem Spiel. Das muss man hinausposaunen, möglichst laut.

Der Künstler Heinz Seeber schuf 1979 den Linolschnitt »Die fehlende Mitte.« Das Bild zeigt eine Kreuzigungsgruppe eigener Art. Nur zwei Figuren sind zu sehen. Es sind die beiden Verbrecher am Pfahl. Der Gekreuzigte ist nicht im Bild, nur das im unteren Drittel abgebrochene Kreuz.

Zu unterstreichen ist: Christus, der Gekreuzigte und der Auferstandene, ist weit mehr als eine Strategie zur Lebensbewältigung. Christus dient nicht nur zum Ausbalancieren von Spannungen, die das Leben, das gläubige Leben zumal, so mit sich bringen. Dennoch: Wenn Christus fehlt, fehlt alles. Lässt sich nicht im Blick auf Christus die Mitte und das Maß in engagierter Gelassenheit besser und leichter anpeilen? Im Blick auf Gott und seinen Messias wird deutlich, dass die durchgehaltene Vermittlung menschlicher Extreme ein geistlicher Dienst ist.

»Ruhige Anstrengung«

Vorhin brachten wir die Frage nach einer »Eutonie« gläubigen Lebens ins Gespräch ein. Dieses aus der

Ignatianische Impulse

Schlüssel für ein spirituelles Leben

In der Reihe **Ignatianische Impulse** sind bisher u.a. erschienen:

Band 1: Willi Lambert, **Das siebenfache Ja,** Exerzitien – ein Weg zum Leben
Band 2: Stefan Kiechle, **Sich entscheiden**
Band 3: Piet van Breemen, **Alt werden als geistlicher Weg**
Band 4: Heiner Geißler, **Glaube und Gerechtigkeit**
Band 5: Cordula und Ottmar Leidner, **Weil ich mit dir wachsen möchte,** Herausforderung Ehe
Band 6: Klaus Mertes, **Verantwortung lernen**
Band 7: Karl Frielingsdorf, **Gottesbilder,** Wie sie krank machen – wie sie heilen
Band 8: Christian Troll, **Als Christ dem Islam begegnen**
Band 10: Claudia Bausewein, **Sterbende begleiten**
Band 11: Willi Lambert, **Wovon die Liebe lebt,** Eucharistie und Lebenskultur
Band 12: Eckhard Frick, **Sich heilen lassen**
Band 13: Stefan Kiechle, **Macht ausüben**
Band 14: Franz Jalics, **Der kontemplative Weg**
Band 15: Ignatius von Loyola, **In allem – Gott**
Band 23: Josef Maureder, **Mensch werden – erfüllt leben**
Band 25: Jon Sobrino, **Der Preis der Gerechtigkeit**
Band 31: Felix Genn, **Es würde der Welt etwas fehlen.** Pastorale Impulse aus dem Geist der Exerzitien
Band 32: Hermann Kügler, **Versuchungen widerstehen?**
Band 33: Vitus Seibel (Hg.), **Was bedeutet Dir Jesus Christus?**
Band 34: Stefan Kiechle, **Spielend leben**
Band 35: Elke Rüegger-Haller, **Aufstehen und heilen**
Band 36: Eckhard Frick/Margret Fühles, **Schöpferisch im Spiel vor Gott**
Band 38: Hermann Kügler, **Scheitern**
Band 39: Klaus Mertes, **Widerspruch aus Loyalität**
Band 40: Ursula Dirmeier, **Nicht Furcht, sondern Liebe.** Geistliche Lebenskunst mit Mary Ward
Band 41: Christoph Benke, **Gott ist nicht kleinlich.** Über das christliche Maß

Weitere Informationen zu allen Bänden der Reihe finden Sie unter www.echter-verlag.de

Leib-Arbeit geliehene Wort (griech. »Wohlspannung«) verleitet zur Annahme, das Leben aus dem Glauben bedeute, sich immer wohl zu fühlen oder sich stets als mittig zu erleben. Eher das Gegenteil ist der Fall! Im Leben des Glaubens ist es ähnlich wie in der Elektrizität: Energie wird dann frei, wenn die Spannung zwischen dem Plus- und dem Minuspol aufrechterhalten – und nicht gekappt wird. Einige Beispiele: Auf dem Weg der Jesus-Nachfolge begegnen Gewissheit, aber auch Zweifel. Oder: Zeiten, in denen man sich Gott nahe fühlte, werden von Phasen der Gottferne abgelöst. Oder: Wer sich zur Gottsuche gerufen weiß, darf die Bodenhaftung, das Naheliegende und vor allem die Nächstenliebe nicht vergessen. Ebenso Aktivität und Passivität: Der planvolle Einsatz, das menschliche Streben, die Kraft des Willens müssen mit richtig verstandener Passivität – Jesus sagt zu Johannes dem Täufer: »Lass es nur zu!« (Mt 3,15) – in Berührung bleiben.

Die Erfahrung zeigt, dass die Suche nach dem Gleichgewicht nicht ruhig vor sich geht. Das Ausbalancieren hat oft dramatische, ja sogar kampfbetonte Züge. Mithilfe des biblischen Motivs vom geistlichen Kriegsdienst versuchte die christliche Glaubensgeschichte einer fruchtbaren Bewältigung dieser Spannung den Weg zu bereiten. Nicht selten erfährt sich der Mensch als Kampfplatz von Gut und Böse. Spannung und Kampf gehören in die christliche Lebensdeutung mit herein (vgl. Eph 6,10–20; Offb 12,1–14,5). Mitte ist eben nicht Mittelmäßigkeit. Das Maß, die Mitte schließt die Gegensätze ein, nicht aus. Sie muss zum Wesentlichen entschlossen sein, also Gott vor Augen haben.

Zweifellos ist dieser dialektische Prozess in all seiner Dynamik schwer aussagbar. Die Kirchenväter behalfen sich bisweilen mit Worträtseln wie »nüchterne Trunkenheit«. Das besagt: Beim Finden des Maßes benötigt der glaubende Mensch den Hl. Geist. Der maßvolle Mensch ist ein »begeisterter« Mensch. Der heilige Franz von Sales (1567–1622) rät, scheinbar widersprüchlich, zu »ruhiger Anstrengung«: »Verlassen Sie sich auf seine (Gottes) Fürsorge und seien Sie überzeugt, dass er nur das zulassen wird, was für Sie das Beste ist, vorausgesetzt, dass Sie Ihrerseits eine ruhige Anstrengung entgegenbringen.«[19] Das will sagen: Ich tue, was in meiner Kraft und in meiner Macht liegt (»Anstrengung«). Das Wissen, dass ich vieles, Gott aber alles kann, lässt mich dabei »ruhig« agieren. Folgerichtig nannte man Franz von Sales auch den »Lehrmeister des übernatürlichen Gleichgewichtes«. Im Übrigen empfiehlt der Heilige, selbst diesem erstrebenswerten Gut noch einmal mit »heiliger Gleichgültigkeit« zu begegnen. Es sei besser, zu sagen »Ich will weder diese noch jene Tugend, ich will nur die Liebe Gottes, das Verlangen nach seiner Liebe und die Verwirklichung seines Willens in mir.«[20]

Halten wir fest: Die Eutonie gläubigen Lebens ist einem dynamischen Ausgleich auf der Spur. Sie will dem Diktat des »zu viel« entgegensteuern. Gottesliebe hat etwas mit Klugheit zu tun. Sie schränkt aus Liebe das Übermaß ein – im richtigen Maß! Das ist im Sinne göttlicher Pädagogik. Der Verfasser des Titusbriefes geht nämlich davon aus, dass uns »die Gnade Gottes erzieht, besonnen, gerecht und fromm in dieser Welt zu leben« (Tit 2,12). Ein entscheidender Gesichtspunkt dabei ist, dass wir unser Maß immer besser kennenlernen und zu ihm stehen.

[19] Franz von Sales, Gnade und Maß, Einsiedeln 1951, 185.
[20] Ebd. 26.

Mein Maß

Christusnachfolge ist ein innerer Reifungsweg. Sie ist auch ein Weg der Selbsterkenntnis. Der glaubende Mensch lernt sich nach und nach besser kennen: Was sind meine Stärken und meine Schwächen? Wie ist mein Naturell? Worauf habe ich zu achten? Wie reagiere ich, wenn ich müde bin? So formt sich zusehends das Maß, *mein* Maß, heraus. Einem theologischen Grund-Satz zufolge »setzt Gnade die Natur voraus«, um darauf aufzubauen. Somit ist auch für die Frage nach dem Willen Gottes *für mich* die Kenntnis meines Maßes und meine reflektierte Eigenerfahrung vonnöten.

Erinnern wir uns: Die Tugend des Maßes (*temperantia*) ordnet den persönlichen Zugang zur Schöpfungswirklichkeit. Jesus ging mit den Dingen der Welt souverän, also frei, um. Er hat Freude am Essen und Trinken, Freude am Fest, besorgt den Weinvorrat (Joh 2,1–12). Jesus ist kein maßvoller Mensch im landläufigen Sinn (Lk 7,34: »Dieser Fresser und Säufer, dieser Freund der Zöllner und Sünder!«). Wenn die richtige Zeit da ist, fastet er, auch 40 Tage und Nächte (Mt 4,2). Jesus liebt die Tora, das Gesetz, und ist ihm treu. Wenn die Gesetzestreue jedoch menschenfeindlich wird, steigt er aus. Kurz: Jesus ist allem und jedem gegenüber frei, weil er zur Gänze in seinem himmlischen Vater verwurzelt ist. Das ist ein deutlicher Hinweis für die Suche nach dem rechten Maß. Gottverbundenheit bietet jenen Freiraum, innerhalb dessen ich zu meinem Maß stehen lerne.

Mein Maß: Wer einen Haushalt führt, muss auf gewisse Dinge achten, um über die Runden zu kommen. Es gibt auch einen seelischen Haushalt, für den ich

- das Monatsgeld einteile: Maßlosigkeit kann auf ein Defizit hinweisen. Ist es mangelndes Selbstvertrauen? Berufliche Frustration? Oder schlicht Müdigkeit?
- die Vorräte im Blick habe: Worin besteht meine eiserne Ration? Was muss ich unbedingt tun (beachten, ablehnen usw.), um Mensch und Christ, Christin zu bleiben?
- Reinigungsarbeiten nicht aufschiebe: ein Gespräch, ein Spaziergang mit einem Freund, eine Beichte oder ganz einfach genügend Schlaf.
- ab und zu sorge, indem ich mir Gäste einlade: Sollte ich meine Kontakte pflegen? Wie kann ich Lebensqualität und Lebenslust stärken? Kann ich genussvoll essen und trinken?

Wer in der »spirituellen Ökologie« sein Maß auf Dauer missachtet, handelt sich irreparable Schäden ein. Die geistliche Tradition weiß, dass bestimmte Persönlichkeitstypen besonders dazu neigen. Es sind, so Bernhard von Clairvaux, die Anfänger und die Eifrigen. Novizen können aufgrund mangelnder Selbstkenntnis oft noch nicht wissen, dass maßlose Askese, also Gebetszeiten, Fasten, Schlafentzug usw., nicht gut, sondern im Gegenteil vom Bösen ist. Die anderen, die gefährdet sind, sind willensbetonte, disziplinierte, oft ehrgeizige Menschen. Sie sind in ihrem geistlichen Streben anfällig für eine Versuchung unter dem Anschein des Guten. Der Böse verwandelt sich in einen »Engel des Lichts« (vgl. 2 Kor 11,14) und suggeriert: ›Du tust zu wenig. Da wäre noch mehr drin. Du musst noch mehr tun: beten, studieren, einsetzen, arbeiten usw.‹ Das alles geschieht unter einem – scheinbar – guten Vorwand. Tatsächlich wird dabei das Maß missachtet und die Natur geschwächt. Das geht so lange, bis der Bogen bricht. Es gibt also einen guten Eifer und einen falschen Eifer. Der falsche ist unklug, weil er, wie Paulus sagt, »ohne Erkenntnis« ist: »Denn ich bezeuge ihnen, dass sie Eifer haben für Gott; aber es ist ein Eifer ohne Erkenntnis« (Röm 10,2). Daraus ist ersichtlich: Indem ich *mein* Maß beachte, handle ich nicht ängstlich oder egoistisch – das kann freilich auch sein –, sondern gottgewollt. In jedem Fall ist es gut, mit dem Sich-Vergleichen vorsichtig zu sein.

Wider das Laster des Sich-Vergleichens

Alle Lebensbereiche stehen heute unter dem Zugriff der Ökonomie. Die Wirtschaft fordert outputorientiertes Denken und Handeln. Alles, schlechthin alles, wird evaluiert, ausgewertet. In der Ergebnisliste gibt es ein Oben und ein Unten, ein Besser und ein Schlechter. Alle sind vom Ranking abhängig – besonders von denen, die es betreiben. Wie alles hat auch diese Tatsache mindestens zwei Seiten. Zweifellos: Konkurrenz kann heilsam sein. Ein gesunder Wettbewerb kann Energien freisetzen. Als Erster ins Ziel zu kommen ist schön. Die Kehrseite: Die Ergebnisliste verschweigt vieles. Menschsein ist umfassender als das Sammeln von Ergebnissen, die mich anderen über- oder unterordnen. Solidarität und das Geschwisterliche kommen zu kurz.
Dass das Sich-Vergleichen Ursache von Bösem sein kann, erzählt die Bibel von den Geschwistern Kain und Abel. Beide bringen jeweils ihr Opfer dar. »Der Herr schaute auf Abel und sein Opfer, aber auf Kain und sein Opfer schaute er nicht. Da überlief es Kain ganz heiß, und sein Blick senkte sich« (Gen 4,4–5). Das Unglück nimmt seinen Lauf, Kain erschlägt Abel.

Es dürfte also eher selten sein, dass ein Vergleich auf nüchterne Weise zu einer realistischen Einschätzung des Eigenen führt. Häufiger dürfte das Stolz-Muster sein: Ich bin besser als du. Du bist unten, ich bin oben. Das ist gut, so soll es bleiben. Ebenso häufig ist das Minderwertigkeitsmuster. Hier geht jeder Vergleich zu meinen Ungunsten aus. Nach innen gewandt, ist es ein Element depressiver Verstimmung. Verlust an (Selbst-) Vertrauen ist die Folge. Nach außen gewandt und gepaart mit Eifersucht, kann unkontrollierte Aggression daraus werden (siehe Kain).

Das Sich-Vergleichen kann also durchaus ein Laster sein, eine gewohnheitsmäßige Trübung des Blickes mit üblen Folgen. Was ist ihm entgegenzuhalten? Da ist zum einen, ganz schlicht, die biblische Mahnung zur Bescheidenheit. »Seid zufrieden mit dem, was ihr habt«, ruft der Verfasser des Hebräerbriefes seinen Hörern zu. Die Begründung: »Denn Gott hat versprochen: Ich lasse dich nicht fallen und verlasse dich nicht« (13,5). Auch Jesu Wort von der Selbsterhöhung und der Selbsterniedrigung gehört hierher (Lk 14,7–11). Zum anderen: Ein geistlicher Weg ist erkennbar daran, ob nach und nach Versöhnung mit dem Eigenen und Annahme des Daseins passiert. Das ist gewiss keine spießig-behäbige Zufriedenheit. Wer im Psalm zu Gott betet: »Du hältst mein Los in deinen Händen, auf schönem Land fiel mir mein Anteil zu« (Ps 16,5–6), dessen Lebensweg hat allermeist auch einmal weniger »schönes Land« durchquert – und betet den Vers dennoch. »Du füllst mir reichlich den Becher« (Ps 23,5), so zu beten ist mit Verlusterfahrung oder Enttäuschung vereinbar, wenn auch mit Kampf. Wer in der Haltung der Dankbarkeit an das Leben herangeht und den Einladungen Gottes zur Demut nicht

prinzipiell aus dem Weg geht, hat es weniger nötig, sich ständig aus dem Vergleich mit anderen zu definieren. Er oder sie wird sich seiner oder ihrer Größe freuen und mit den Grenzen im Großen und Ganzen Frieden geschlossen haben.
Glaube ist Entscheidung, aus dem Vertrauen zu leben. Gott ist der große Hirte, er hat die Letztverantwortung. Er schenkt uns in allen Belangen das, was uns »zukommt«. Dies zu akzeptieren ist Gottesdienst. Darum mahnt Paulus: »Strebt nicht über das hinaus, was euch zukommt, sondern strebt danach, besonnen zu sein, jeder nach dem Maß des Glaubens, das Gott ihm zugeteilt hat« (Röm 12,3).
Wir kommen zu einer abschließenden Überlegung. In der Beziehung zwischen Gott und Mensch kommen zwei Freiheiten aufeinander zu, die unterschiedlicher nicht sein könnten. Gott ist Gott. Er ist der Schöpfer, ewig, maßlos, unbegrenzt. Der Mensch ist das Geschöpf, bedürftig und endlich. Wie soll sich Begegnung ereignen zwischen dem Einzigen schlechthin, der ewig ist, und dem Wesen, das sterblich und begrenzt ist?

7. Das Maß der Gottesliebe ist die Maßlosigkeit

Im Menschen gibt es eine kraftvolle Dynamik, die imstande ist, alle Grenzen zu sprengen, und in Richtung Maßlosigkeit tendiert. Es ist die Liebe. Hier drängt sich gleich die nächste Frage auf: Wenn das so ist, ist dann die Rede von Balance und Gleichgewicht nicht doch wieder fehl am Platz? Denn Liebe ist doch jene Kraft, die »alles übersteigt« (1 Kor 12,31), manchmal auch alles über den Haufen wirft. In der Tat, für einen vernünftigen Umgang mit der Welt sind maßvolles Vorgehen und Berechnung unerlässlich. Aber Berechnung ist nicht alles.

An der Grenze des Kalküls

Menschen setzen unterschiedliche Methoden ein, um ein Ziel zu erreichen. Manche handeln eher situationsbezogen, entscheiden lieber aus dem Bauch heraus und gewinnen dem Unvorhergesehenen etwas ab. Andere würden so etwas nie ohne vernünftige Überlegung tun. Ihr Vorgehen ist geordnet und planvoll. Sicher ist: Ganz ohne Berechnung geht es in keinem Fall. »Wenn einer einen Turm bauen will, setzt er sich dann nicht zuerst hin und rechnet, ob seine Mittel für das ganze Vorhaben ausreichen?« (Lk 14,28). Auch lobt Jesus die Gewitztheit des unehrlichen Verwalters (Lk 16,8).

Die Erwägung von Kosten und Nutzen; die Frage, ob es sich lohnt und was dabei herausschaut, muss sein. Wenn dies jedoch die einzige Brille ist, durch die sich das Leben zeigen darf, ist der Horizont stark eingeengt. Das Evangelium ist deshalb eine frohe Botschaft, weil es verkündet: Menschliches Kalkül stößt bei Gott an eine Grenze – Gott sei Dank! Das Buch des Lebens hat neben der Welt der Zwecke und der Mittel noch andere Seiten zu bieten. Allerdings tut sich der Mensch damit schwer. Im Gleichnis vom verlorenen Sohn ist nicht die Heimkehr des Jüngeren das Problem, sondern das neidvolle Aufrechnen des Älteren (Lk 15,25–32). Die Arbeiter im Weinberg, die sich über die vermeintliche Ungleichbehandlung beschweren, hatten keine andere Perspektive als die Berechnung (Mt 20,1–16). Wir erwähnten bereits, dass der Titusbrief von einer Erziehung durch die göttliche Gnade spricht. Viele Unterrichtsstunden beschäftigen sich mit dem Thema: Gott hat andere Maßstäbe. Die göttliche Pädagogik ist ungemein erfinderisch, dem Menschen diese Wahrheit schmackhaft zu machen. Manchmal ist diese Wahrheit bitter, dann wieder überrascht sie mit dem Kosmos des Schönen. Es gilt: »Meine Gedanken sind nicht eure Gedanken« (Jes 55,8) und, drastisch, »was die Menschen für großartig halten, das ist in den Augen Gottes ein Greuel« (Lk 16,15). Bei Gott gerät jedes menschliche Kalkül an sein Ende. Vom christlichen Maß hat etwas begriffen, wer in die eben genannte Schule gegangen ist und sich zeigen ließ: Manchmal kommt es darauf an, mit dem Zählen aufzuhören. Das tut der Mensch, wenn er liebt.

Gott nicht kleinlich lieben

Bernhard von Clairvaux war, historisch betrachtet, gewiss eine schillernde Figur. Als der bedeutendste monastische Theologe des Mittelalters war er selbst ganz

durchdrungen von der Gottesliebe. Er kannte die zeitgenössische Liebeslyrik der provençalischen Minnesänger und sang in der Liturgie das alttestamentliche Hohelied der Liebe. Zudem verstand es Bernhard, diesen spirituellen Hintergrund rational zu durchdringen und sprachlich zu fassen. Er unterstreicht: Das Maß passt nicht zu Gott. Nur die Liebe ist angemessen. Darum ist das Maß, Gott zu lieben, die Maßlosigkeit:
»Sieh vor allem, in welchem Maß, oder besser, wie ohne Maß Gott von uns geliebt zu werden verdient: Er hat ... uns zuerst geliebt, er, der so groß ist, hat uns so sehr und ohne unser Verdienst geliebt, uns, die so Kleinen, so, wie wir sind ... Das Maß, Gott zu lieben, ist, ihn ohne Maß zu lieben. Die Liebe, die sich Gott zuwendet, wendet sich dem Unermesslichen, dem Unbegrenzten zu – denn Gott ist unbegrenzt und unermesslich. Was könnte dann, so frage ich, die Grenze und das Maß unserer Liebe sein? Und was ist dazu zu sagen, dass unsere Liebe ja nicht mehr unverdient geschenkt wird, sondern als etwas Geschuldetes zurückerstattet wird? Es liebt also die Unermesslichkeit, es liebt die Ewigkeit, es liebt die alles Erkennen übersteigende Liebe. Es liebt Gott, dessen Größe kein Ende, dessen Weisheit kein Maß hat, dessen Friede alles Verstehen übersteigt. Und wir wollen etwas Begrenztes zurückerstatten? ›Ich will dich lieben, Herr, meine Stärke, Herr, du mein Fels, meine Burg, mein Retter‹, der du für mich alles bist, was nur immer wünschenswert und liebenswert genannt werden kann. Mein Gott, mein Helfer, ich will dich lieben für deine Gabe und nach meiner Fähigkeit, weniger freilich, als es angemessen wäre, aber gewiss nicht weniger, als ich kann. Und wenn ich dich auch nicht so lieben kann, wie ich es schuldig wäre, so kann ich dich doch nicht

über mein Vermögen hinaus lieben. Ich werde mehr lieben können, wenn du dich herablässt, mir mehr zu geben; niemals dennoch, wie es deiner würdig ist. ›Da ich noch unvollkommen war, sahen mich deine Augen‹, aber doch: ›in dein Buch werden alle geschrieben‹, die tun, was sie vermögen, auch wenn sie nicht vermögen, was sie schuldig sind.«[21]

Hier bleibt ein Gottsucher nicht beim Leiden an seinen begrenzten Möglichkeiten stehen. Er schenkt alles, was er zu bieten hat, seinem Gott – eine maßlose Antwort auf die Maßlosigkeit der Liebe Gottes. Ganz ähnlich sieht es Madeleine Delbrêl (1905–1964), französische Sozialarbeiterin und Mystikerin. In Anbetracht ihres marxistischen und atheistischen Umfeldes bringt sie die Sache kompromisslos auf den Punkt: »Gott ist groß, und ihn kleinlich lieben heißt, ihn überhaupt nicht zu lieben.«

Der Mensch bleibt unter seinen Möglichkeiten, wenn er Gott kleinlich liebt. Auch die Unterforderung kann nicht im Sinne des christlichen Maßes sein. Sich nach den eigenen Möglichkeiten auszustrecken und zu sehen, was drinnen ist: In diese Richtung will Ignatius mit dem kleinen Wort »mehr« (*magis*) ermutigen. Anhand dieses Wörtchens geht Ignatius immer wieder der Frage nach: Auf Liebe antworten – wie geht das? Das Angemessene kann ja nur wieder Liebe sein. Lebendige Liebe bewegt sich fort, bleibt nicht auf der Stelle. Der je größere Gott will im Menschen eine größere Antwort auf seine Liebe hervorlocken. Dabei geht es weniger um Quantität als um Qualität. Lässt sich jemand darauf ein, darf das als Hinweis auf die unfassbare Größe Gottes gelesen werden.

[21] Bernhard von Clairvaux, Sämtliche Werke lat./dt. Bd. I, Innsbruck 1990, 101–103.

Geben, ohne zu zählen

Maßhalten bedeutet, mit Ressourcen gut und nachhaltig umzugehen. Hier braucht es den abwägenden Einsatz der Vernunft. Hinzu müssen Selbstbeherrschung und Disziplin kommen: »Setzt allen Eifer daran, mit eurem Glauben die Tugend zu verbinden, mit der Tugend die Erkenntnis, mit der Erkenntnis die Selbstbeherrschung« (2 Petr 1,5–6). Dazugesellen muss sich der dezidierte Wille, dem Egoismus und der Angst um sich etwas entgegenzusetzen; anders gibt es keinen geistlichen Fortschritt.[22]

Das alles wäre, was die Kunst »Standbein« nennt. Ohne ausgeprägtes Standbein vermittelt eine Skulptur keine klare Kontur. Und wie steht es mit dem »Spielbein«? Ohne Spielbein wirkt die Statue wie ein Klotz; behauener Stein, ja, aber wo bleibt der Glanz, das gewisse Etwas der Kunst? Es geht also um das Salz, um das Eigentliche, um das Profil. Maßhalten kann, wenn nichts hinzukommt, in Geiz umschlagen. Deshalb wird Liebe irgendwann einmal die Angst um sich aufgeben – auch die Selbstkontrolle kann von Angst motiviert sein –, die Hingabe wagen und sich ins Spiel bringen. In der Sprache der christlichen Überlieferung heißt das *Großmut*. Ignatius hält diese Einstellung für vorentscheidend bereits auf dem Anweg der Exerzitien: Mit großmütigem Geist (*con grande ánimo*) und mit Freiherzigkeit (*liberalidad*) Gott gegenüber soll man in die Exerzitien gehen (EB 5).

Amerikanische Mafia-Filme, die im Milieu der Zwi-

[22] Ignatius rät, sich keine Illusionen zu machen: »Denn das soll ein jeder bedenken, dass er in allen geistlichen Dingen nur insoweit Fortschritte machen kann, als er herausspringt aus seiner Eigenliebe, seinem Eigenwillen und Eigennutz« (EB 189).

schenkriegszeit spielen, folgen bestimmten Klischees. Zu den Mitgliedern der Gang zählt der »Buchhalter«. Dieser Typ ist kleinwüchsig, trägt Brille und Ärmelschoner. Er kontrolliert die Lieferungen. Der innere Kritiker, den wir alle in uns tragen, hat viele Verkleidungen. Oft trägt er die Buchhaltermaske und stellt die Frage: Komme ich auf meine Rechnung? Diese Frage ist menschlich verständlich und sogar vernünftig. Manchmal versetzt sie jedoch der Liebe den Todesstoß. Als glaubende Menschen leben wir aus der Liebe Gottes. Unsere Antwort auf das Erbarmen Gottes wird dahin gehen, das Eigene mehr und mehr ins Spiel zu bringen und Gott zurückzuschenken: »Angesichts des Erbarmens Gottes ermahne ich euch, meine Brüder, euch selbst als lebendiges und heiliges Opfer darzubringen, das Gott gefällt; das ist für euch der wahre und angemessene Gottesdienst« (Röm 12,1).

Sich hingeben: Selbsthingabe ist ein Maßstab, der ganz von Jesus herkommt. Gewiss, damit ist ein Ziel formuliert. Ich darf darauf zuleben. Das Wissen um meine Ängste und Defizite im Vergleich zu diesem Maßstab wird mich nicht daran hindern, mit Ignatius um die innere Umgestaltung zu beten: »Ewiges Wort, eingeborener Sohn Gottes, lehre mich die wahre Großmut. Lehre mich dir dienen, wie du es verdienst, geben, ohne zu zählen, kämpfen, ohne meiner Wunden zu achten, arbeiten, ohne Ruhe zu suchen, mich einsetzen, ohne einen andern Lohn zu erwarten als das Bewusstsein, deinen heiligen Willen erfüllt zu haben.«[23] Wo die Haltung der Großmut radikal gelebt wird, bewegt sie sich immer schon in der Nachbarschaft zu den evangelischen Räten.

[23] Gotteslob Nr. 5,3 (»dem hl. Ignatius von Loyola zugeschrieben«).

Evangelische Räte

Der Ruf »Mehr Maß!« ist heute oft zu hören, so bemerkten wir ganz zu Beginn. Der globale ökologische Haushalt ist aus dem Gleichgewicht. Auch auf den individuellen, innerseelischen Haushalt trifft das allzu oft zu. Jede Suche nach Balance und gelingendem Leben muss sich den drei Hauptsehnsüchten des Menschen stellen: Ansehen, Macht, Besitz. Hier zeigt sich elementar, wie und was der Mensch ist – maßlos. Jeder dieser drei Wünsche ist in seiner Dynamik maßlos. Ein Genügen ist hier nicht vorgesehen. Stets bleibt die Erfüllung hinter dem Wunsch zurück. Immer ist der Mensch nach mehr aus, als er vorfindet. Das Erkanntwerden schlechthin, die vollendete Freiheit, bleibende Geborgenheit, sie alle stellen sich nicht ein. Die evangelischen Räte Jungfräulichkeit (Ehelosigkeit), Gehorsam und Armut machen es sich zur Aufgabe, rund um die genannten Sehnsüchte eine Glaubens- und Lebenskultur zu entwickeln. Sie sind ein Zeichen, das sich nach innen (individuell und in die Glaubensgemeinschaft hinein) und nach außen (in Gesellschaft und Welt hinein) richtet.

Die evangelischen Räte sind eine Schule gläubigen Lebens. Angesichts des Evangeliums lautet die Kernfrage ja doch immer: Unglaube oder Glaube? Unglaube bedeutet krampfhafte Selbstsicherung, motiviert aus der Angst um sich selbst. Glaube ist, ganz auf Gott vertrauen, sich ganz auf Gott verlassen. Dass daraus unterschiedliche Lebenskulturen entstehen, gerade im Feld der drei menschlichen Urwünsche, liegt auf der Hand. Der Geist der evangelischen Räte ist somit einer, der für alle Getauften gültig und wichtig ist. Es ist der Geist des Evangeliums!

- Die evangelischen Räte sind eine Art Gedächtnis aller Getauften, dass Gott selbst das Ziel und die Erfüllung jeglicher Sehnsucht des Menschen ist.
- Die evangelischen Räte verkörpern ein Gespür für das, was wichtig ist, also für das Maß und die Mitte.
- Die evangelischen Räte sind Verkündigung des Evangeliums. Der Verzicht auf irdische Möglichkeiten bedeutet: Gott allein genügt.
- Die evangelischen Räte sind konsequenter Ausdruck für ein Verschenken der Zukunft an Gott. Das befähigt, irdische Zukunft zu gestalten.

Die gegenwärtige Finanzkrise führt schmerzlich vor Augen: Die totale Entregelung führt in die Entfesselung. Das muss nicht zwangsläufig so sein, passiert aber oft genug. Was für den Besitz gilt, trifft für Macht und Geschlechtlichkeit ebenso zu. Ohne innere Bindung geraten sie außer Rand und Band. Für eine Lebenskultur aus dem Glauben, aber auch als prophetische Geste der Gesellschaft gegenüber haben die evangelische Räte viel einzubringen. Ihre gänzliche Verankerung in Gott bewirkt eine liebevoll-kritische Distanz zur Welt. Dadurch sind die evangelischen Räte prädestiniert, den menschlich-weltlichen Verirrungen und Gefährdungen ausgleichend etwas entgegenzuhalten. Sie sind ein kleines Zeichen, wie die Welt wieder ins Lot kommen kann. Denn in ihnen geht es um Grundhaltungen, die auf dem Weg menschlicher Selbstwerdung, aber auch für die Gesellschaft unverzichtbar sind.

Göttliche Verschwendung

Es kann gerade die Erfahrung der Wandlung und der Verwandlung sein, die den Menschen zu einem außergewöhnlichen Tun ermutigt: »Da nahm Maria ein Pfund echtes, kostbares Nardenöl, salbte Jesus die Füße und trocknete sie mit ihrem Haar. Das Haus wurde mit dem Duft des Öls erfüllt« (Joh 12,3). Der Buchhalter meldet sich prompt und (Originalton!) »unwillig«: »Wozu diese Verschwendung?« (so in der Version Mk 14,4). Offen bleibt, ob der Hinweis auf die Not der Armen (Joh 14,5) ohnehin nur ein Vorwand war. Wie auch immer, Jesus sagt darauf nur »Lass sie!« (Joh 12,7). Das Maß der Zweckdienlichkeit verträgt keinen unverhältnismäßigen Aufwand, misstraut dem Überfluss, ist Feind des Luxus.

Im Kontrast dazu steht das Leben des Glaubens unter einem »Übermaß an Unentgeltlichkeit«, wie es Johannes Paul II. formulierte: »Was in den Augen der Menschen als Verschwendung erscheinen mag, ist für den in seinem innersten Herzen von der Schönheit und Güte des Herrn angezogenen Menschen eine klare Antwort der Liebe und eine überschwängliche Dankbarkeit dafür, auf ganz besondere Weise zum Kennenlernen des Sohnes und zur Teilhabe an seiner göttlichen Sendung in der Welt zugelassen worden zu sein.«[24] Gelegentlich stellen wir uns die Frage, ob wir in der Spur der Nachfolge Jesu richtig liegen. Hier ein Kriterium: Ist es vorstellbar, dass ich irgendwann einmal das Maß dessen, was notwendig ist, übersteige? Dass ich den Bereich des Umsonst, des Unentgeltlichen, ja des Schönen berühre? Dass ich einmal nur »Jesus zuliebe« etwas tue oder nicht tue, einfach so? Das bezieht sich nicht primär auf Quantität! König Salomos Weisheit ist sprichwörtlich. Dazu heißt es:

[24] Johannes Paul II., Nachsynodales Apostolisches Schreiben *Vita consecrata* Nr. 104.

»Gott gab Salomo Weisheit und Einsicht in hohem Maß und Weite des Herzens – wie Sand am Strand des Meeres« (1 Kön 5,9). Darauf käme es an: vernünftige und gläubige Lebenserfahrung, unterfüttert mit Weite des Herzens; von der Weite des Herzens aber so viel wie der »Sand am Strand des Meeres«, also unendlich viel. Das ist nicht mehr die reine Balance, das Gleichgewicht im strengen Sinn, dafür umso christlicher.
Ist vom Maßhalten die Rede, schwingen bald welt- und leibfeindliche Engführungen mit (seien es nun historische Fakten, Produkte von Halbbildung oder Phantasiegebilde). Irgendwann auf dem geistlichen Weg müssen die Verheißungen des Glaubens das angstvolle Fragen, ob man wohl entspricht, ob man wohl alles recht gemacht hat, auflösen. Der glaubende Mensch stellt das eigene begrenzte Tun in das verschwenderische Licht Gottes. Alle Rede vom Maß im Christentum hat hier ihren letzten Sinn. Sonst hat der »Buchhalter« den Sieg davongetragen. Diese Freude sollten wir ihm nicht gönnen.

8. Das Maß finden – wie geht das? Zehn Wegweisungen

1. *Wer die Balance sucht, kann abstürzen.* Das ist keine Schande. Das Gleichgewicht suchen – und halten – verlangt Training. Was für sportliche Belange zutrifft, gilt auch für den inneren geistlichen Reifungsweg. Nach einem Fall dem Frust die Oberhand gewinnen lassen, nicht mehr aufstehen, um es erneut zu versuchen – das ist die größere und folgenreichere Blamage.

2. *Ich kann nicht alles haben.* Wenn ich ein ausgeglichenes und maßvolles Leben anstrebe, muss ich mich für diesen scheinbar banalen Satz entscheiden. Es muss auch nicht alles jetzt und sofort in Erfüllung gehen. Das menschliche Wesen hat eine unersättliche Note. Das ist die Handschrift des Schöpfergottes. Ohne Korrektur durch das Maß kippt Unersättlichkeit in destruktive Gier.

3. *Sich Spannungen stellen.* Maß und Mitte ist nicht einfach Ausgleich und Harmonie. Wer den Spannungsfeldern des Lebens grundsätzlich ausweicht, beraubt sich einer Wachstumschance. Die Mitte findet eher, wer sich den Gegensätzen im Inneren und Äußeren stellt.

4. *Unterscheide Mittelmaß von Mittelmäßigkeit.* Das kluge Mittelmaß ist weit entfernt von lauer, unentschiedener Mittelmäßigkeit. »Auf der Spur des Evangeliums sind wir nicht einfachhin, wenn wir

immer dort liegen, wo der statistisch und durch Umfragen ermittelte Durchschnitt liegt: Jesus predigt nicht den Durchschnitt, sondern die Mitte« (Willi Lambert SJ). Bekehrung ist kein punktuelles Erlebnis, sondern lebenslanges Angehen gegen Lauheit und Mittelmäßigkeit. Das betrifft alle Getauften.

5. *Vorsicht vor den zwei Buchstaben »zu.«* Das Vorkommen dieses winzigen Wortes gibt Anlass zu Wachsamkeit. Es deutet darauf hin, dass die Mitte aus dem Blick geraten ist. Sowohl das *zu viel* als auch das *zu wenig* ist dem Leben nicht förderlich. Extreme sind über längere Zeit hin schädlich. Das gilt in allen Belangen des Lebens, zumal im spirituellen Leben.

6. *Mein Maß*. Es gibt das allgemein Gültige und das individuell Zukommende. Beide Größen müssen zueinanderfinden. Dabei muss ich lernen, zu mir zu stehen und meine Grenzen zu benennen. Wie schaut meine eiserne Ration aus, um Mensch und Christ, Christin zu bleiben? Sich mit anderen vergleichen bringt auf ungute Weise aus der Balance. »Lebe das, was du vom Evangelium begriffen hast, und sei es auch nur ein Wort«. Diese Weisheit aus Taizé kann auch beunruhigen, aber es ist die gute jesuanische Unruhe.

7. *Unterscheide die Geister*. Das mir Angemessene fällt mir nicht einfach in den Schoß. Kein Maß ohne Ringen und prüfendes Abwägen. Um die Mitte zu finden, bedarf es nach christlicher Überzeugung der Unterscheidung der Geister. Die Alten be-

haupten: Ohne die Tugend maßvoller Unterscheidung (*discretio*) wächst überhaupt nichts Gutes.

8. *Magis – Mehr.* Mein Maß muss nicht immer unverrückbar gleich bleiben. Grenzen lassen sich weiten. Wachstum ist ein Zeichen des Lebens. Frage dich, wo du zu einer größeren Antwort der Liebe herausgefordert bist. Was ist noch »drin«? In welchen Lebensbereichen ist noch mehr Tiefgang möglich? Gott hat keine Freude, wenn jemand zu gering von seinem Fassungs- und Liebesvermögen denkt.

9. *Achte auf die Versuchung zum Bösen unter dem Anschein des Guten.* Diese Wegweisung setzt die Regeln 6 bis 8 voraus. Hohe Ideale können unbarmherzige Götzen sein. Ein bestimmter Menschentyp neigt dazu, das persönliche Maß zu missachten und zu viel zu tun, stets unter gutem, geistlichem Vorwand. Die Versuchung unter dem Anschein des Guten drängt, das gesunde Maß so weit hinaufzuschrauben, bis der Bogen bricht.

10. *Jesus Christus ist die Mitte und das Maß.* Jesus-Nachfolge beginnt damit, dass Er mich anschaut und mich ruft. Indem ich während des Gehens Jesus im Blick und im Herzen behalte, werde ich mittig, denn Er ist die Mitte des Ganzen. Es wird vorkommen, dass mir die Mitte aus den Augen und aus dem Sinn gerät. Dann ist es umso wichtiger, sich von Christus wiederfinden zu lassen.